閱讀教學**HOW**上手—課綱閱讀能力轉化與核心教材備課藍圖

序

利用休假半年的機會，到舊金山長住五個月，期待能在輕鬆幽靜的環境，將多年來對閱讀教學的理論、脈絡與實施，再次的沈澱與釐清。二個月的光陰，在舊金山Down Town冷冬的寂寥與救火車高亢呼嘯帶來的聲波顫動中，悄然流逝，而有關閱讀教學的許多想法卻逐漸由模糊而清晰，由繁瑣而簡潔，環節與環節之間的脈絡，也漸次浮現。

搬到Executive Park 後，開始從容的享受燦爛的陽光與湛藍的天空。每個早晨，打開窗簾，就可以迎接陽光恣意潑灑的笑容。坐在書桌前，面對滿眼的綠意，有時靜聽樹影搖曳的低語，有時細數陽光挪移的輕顫，而成群飛來草地覓食的小鳥，或短暫停落在樹枝間的鳥鳴，往往為寂靜的時光激起波光粼粼的漣漪。

下午爬上山坡，或遠眺舊金山遼闊的海灣，或尋覓蒼鷹的黑影，在煙嵐間沉浮，心中不免興起忘憂終老的遐思。有時天候不佳，灰黑色的雲霧凝聚在山巒的頂端，忽而如巨瀑般翻捲奔騰，順山勢而下，則又是難得一見的奇景。

就是這樣的生活，敏銳了我對文本的理解，也豐富了我對作者心思的想像。於是在打字鍵盤沈沈的低吟中，二十篇的文本分析逐漸完成。而當鍵盤以徐緩的起落，為《閱讀教學HOW上手》奏上最後的音符，一百五十多個清閒日子也接近了尾聲。

這本書的完成，要感謝適宏為書名增添創意，佳宜、鍑倫、垣仙編寫選擇試題，燕燕熱心提供修題建議，華雯設計表格、封面，怡君設計插畫及輔導團老師秀梗、函香、恬伶、秋琴、淑梓，提供寶貴意見。在此一併致謝。

本書旨在推廣，期待教師能在使用後，提供教案分享、意見交流、問題討論，並歡迎到痞客邦部落格「圓鈴老師閱讀加油站」（可利用google搜尋）（http://brighta294.pixnet.net/blog）分享。

鄭圓鈴寫于

7月2012年 舊金山

目錄

甲編

壹、國語文教學目標

一、教學目標

根據九年一貫課綱的內容基本理念,國語文教學的主要目標是:

1. 培養學生正確理解和靈活應用本國語言文字的能力。以使學生具備良好的聽、說、讀、寫、作等基本能力,並能使用語文,充分表情達意,陶冶性情,啟發心智,解決問題。
2. 培養學生有效應用國語文,從事思考、理解、推理、協調、討論、欣賞、創作,以融入生活經驗,擴展多元視野,面對國際思潮。
3. 激發學生廣泛閱讀的興趣,提升欣賞文學作品的能力,以體認本國文化精髓。
4. 引導學生學習利用工具書,結合資訊網路,藉以增進語文學習的廣度和深度,培養學生自學的能力。

據此可嘗試將內容統整、分類為較簡單具體的教學目標。茲將規劃內容,說明如後:

表二

教學目標	基本理念
1. 提昇生活應用能力	1. 學生具備良好的聽、說、讀、寫、作等基本能力,並能使用語文,充分表情達意,陶冶性情,啟發心智,解決問題
2. 提昇國語文認知能力	2. 培養學生有效應用國語文,從事思考、理解、推理、協調、討論、欣賞、創作,以融入生活經驗
3. 提昇自學能力	4. 引導學生學習利用工具書,結合資訊網路,藉以增進語文學習的廣度和深度,培養學生自學的能力
4. 提昇討論分享能力	2. 培養學生有效應用國語文,從事協調、討論
5. 提昇擴展多元視野能力	3. 激發學生廣泛閱讀的興趣,提升欣賞文學作品的能力,以體認本國文化精髓 2. 擴展多元視野,面對國際思潮

上述教學目標的統整、分類，主要是將基本理念的第2點分成語文認知能力、討論分享能力及多元視野能力。

教學目標落實為課程目標，最主要的重點是培養十大核心能力。而十大核心能力分別為：

表二

1. 瞭解自我與發展潛能	4. 表達、溝通與分享	7. 規劃、組織與實踐	10. 獨立思考與解決問題
2. 欣賞、表現與創新	5. 尊重、關懷與團隊合作	8. 運用科技與資訊	
3. 生涯規劃與終身學習	6. 文化學習與國際瞭解	9. 主動探索與研究	

所以可先將十大核心能力，依教學目標，做簡單的分類：

表三

教學目標	十大核心能力
1. 提昇生活應用能力	1. 瞭解自我與發展潛能 3. 生涯規劃與終身學習
2. 提昇國語文認知能力	2. 欣賞、表現與創新 7. 規劃、組織與實踐 9. 主動探索與研究 10.獨立思考與解決問題
3. 提昇自學能力	8. 運用科技與資訊
4. 提昇討論分享能力	5. 尊重、關懷與團隊合作 4. 表達、溝通與分享
5. 提昇擴展多元視野能力	6. 文化學習與國際瞭解

根據上表，教學目標與十大核心能力，除了生活應用部分外，大致可以呼應，但十大核心能力的內涵顯然較教學目標，更廣泛與深入，因此可以將十大核心能力視為公民終身學習的能力指標，而國中、小階段是學習的基礎期，對十大核心能力只需有基本理念的呼應即可，不必要求達成內涵的深度與廣度。結合教學目標、基本理念與十大核心能力，可統整成下列綜合總表。

表四

教學目標	基本理念	十大核心能力
1. 提昇生活應用能力	1. 學生具備良好的聽、說、讀、寫、作等基本能力，並能使用語文，充分表情達意，陶冶性情，啟發心智，解決問題	1. 瞭解自我與發展潛能 3. 生涯規劃與終身學習
2. 提昇國語文認知能力	2. 培養學生有效應用國語文，從事思考、理解、推理、協調、討論、欣賞、創作，以融入生活經驗	2. 欣賞、表現與創新 7. 規劃、組織與實踐 9. 主動探索與研究 10. 獨立思考與解決問題
3. 提昇自學能力	4. 引導學生學習利用工具書，結合資訊網路，藉以增進語文學習的廣度和深度，培養學生自學的能力	8. 運用科技與資訊
4. 提昇討論分享能力	2. 培養學生有效應用國語文，從事思考、理解、推理、協調、討論、欣賞、創作	5. 尊重、關懷與團隊合作 4. 表達、溝通與分享
5. 提昇擴充多元視野能力	3. 激發學生廣泛閱讀的興趣，提升欣賞文學作品的能力，以體認本國文化精髓 2. 擴展多元視野，面對國際思潮	6. 文化學習與國際瞭解

貳、國語文閱讀能力指標

一、閱讀教學目標

根據上文的教學目標，可以閱讀為核心，結合閱讀能力的分段能力指標，發展閱讀教學目標。閱讀教學目標的架構為：

表五

閱讀教學目標	國語文教學目標
1. 提昇閱讀應用能力	1. 提昇生活應用能力
2. 提昇閱讀認知能力	2. 提昇國語文認知能力
3. 提昇閱讀自學能力	3. 提昇自學能力
4. 提昇閱讀討論分享能力	4. 提昇討論分享能力
5. 提昇擴展閱讀多元視野能力	5. 提昇擴展多元視野能力

二、閱讀教學目標與分段能力指標

閱讀教學目標的架構為：閱讀認知能力、閱讀應用能力、閱讀自學能力、閱讀分享討論能力及閱讀多元視野能力。根據此架構，結合閱讀分段能力指標的相關內容，可以完成閱讀教學目標與分段能力指標的統整。茲分述如後：

表六

閱讀教學目標	分段能力指標
一、提昇閱讀應用能力	5-3-6-2學習資料剪輯、摘要和整理的能力 5-3-4-4能將閱讀材料與實際生活經驗相結合 ───────────── 5-4-4-1能廣泛閱讀課外讀物及報刊雜誌，並養成比較閱讀的習慣 5-4-7-2能統整閱讀的書籍或資料，並養成主動探索研究的能力 5-4-7-3能從閱讀中蒐集、整理及分析資料，並依循線索，解決問題 5-4-7-4能將閱讀內容，思考轉化為日常生活中解決問題的能力
二、提昇閱讀認知能力	詳後文
三、提昇閱讀自學能力	5-1-5能瞭解並使用圖書室(館)的設施和圖書，激發閱讀興趣 5-1-6認識並學會使用字典、(兒童)百科全書等工具書，以輔助閱讀 ───────────── 5-2-6能熟練利用工具書，養成自我解決問題的能力 5-2-6-1能利用圖書館檢索資料，增進自學的能力 5-2-9能結合電腦科技，提高語文與資訊互動學習和應用能力 5-2-9-1能利用電腦和其他科技產品，提升語文認知和應用能力 ───────────── 5-3-6能熟練利用工具書，養成自我解決問題的能力 5-3-6-1能利用圖書館檢索資料，增進自學的能力 5-3-9能結合電腦科技，提高語文與資訊互動學習和應用能力 5-3-9-1能利用電腦和其他科技產品，提升語文認知和應用能力 ───────────── 5-4-6能靈活應用各類工具書及電腦網路，蒐集資訊、組織材料，廣泛閱讀 5-4-6-1能使用各類工具書，廣泛的閱讀各種書籍
四、提昇閱讀討論分享能力	5-1-4-2能和別人分享閱讀的心得 ───────────── 5-2-8能共同討論閱讀的內容，並分享心得 5-2-8-1能討論閱讀的內容，分享閱讀的心得 5-2-8-3能在閱讀過程中，培養參與團體的精神，增進人際互動

閱讀教學目標	分段能力指標
	5-3-8能共同討論閱讀的內容，並分享心得 5-3-8-2能在閱讀過程中，培養參與團體的精神，增進人際互動
	5-4-7-1能共同討論閱讀的內容，交換心得 5-4-2-3能培養以文會友的興趣，組成讀書會，共同討論，交換心得
五、提昇擴展閱讀多元視野能力	5-1-4能喜愛閱讀課外讀物，擴展閱讀視野 5-1-4-1能喜愛閱讀課外(注音)讀物，擴展閱讀視野
	5-2-4能閱讀不同表述方式的文章，擴充閱讀範圍 5-2-4-1能閱讀各種不同表述方式的文章 5-2-4-2能讀出文句的抑揚頓挫與文章情感 5-2-11能喜愛閱讀課外讀物，主動擴展閱讀視野 5-2-11-1能和別人分享閱讀的心得
	5-3-4能認識不同的文類及題材的作品，擴充閱讀範圍 5-3-4-1能認識不同的文類(如：詩歌、散文、小說、戲劇等) 5-3-4-2能主動閱讀不同文類的文學作品 5-3-4-3能主動閱讀不同題材的文學作品 5-3-4-4能將閱讀材料與實際生活經驗相結合
	5-4-4-1能廣泛閱讀課外讀物及報刊雜誌，並養成比較閱讀的習慣 5-4-5能主動閱讀國內外具代表性的文學名著，擴充閱讀視野 5-4-5-2能廣泛閱讀臺灣各族群的文學作品，理解不同文化的內涵 5-4-5-3能喜愛閱讀國內外具代表性的文學作品 5-4-5-4能喜愛閱讀海洋、生態、性別、族群等具有當代議題內涵的文學作品

　　閱讀認知能力是閱讀教學的核心，內容較為複雜。所以再根據分段能力指標的內容，細分五項能力。五項能力內容為：文類知識、主題結構、表層理解、深層分析、批判評論。茲將五項能力所含括的分段能力指標，統整說明如後：

二、閱讀認知能力		分段能力指標
1.文類知識		5-1-2-1能分辨基本的文體 5-3-4-1能認識不同的文類(如:詩歌、散文、小說、戲劇等) 5-4-3-2能分辨不同文類寫作的特質和要求
2.主題結構	a.主題	5-1-2-2能概略瞭解課文的內容與大意 5-2-3-2能瞭解文章的主旨、取材及結構 5-3-3-1能瞭解文章的主旨、取材及結構
	b.寫作目的	5-2-8-2能理解作品中對周遭人、事、物的尊重與關懷 5-3-8-1能理解作品中對周遭人、事、物的尊重與關懷 5-4-5-1能體會出作品中對周遭人、事、物的尊重與關懷
	c.表述方式	5-2-3-1能認識文章的各種表述方式(如:敘述、描寫、抒情、說明、議論等) 5-3-3-2能認識文章的各種表述方式(如:敘述、描寫、抒情、說明、議論等)
	d.結構	5-2-3-2能瞭解文章的主旨、取材及結構 5-3-3-1能瞭解文章的主旨、取材及結構 5-3-5-1能運用組織結構的知識(如:順序、因果、對比關係)閱讀 5-4-3-4能欣賞作品的內涵及文章結構
3.表層理解	a.字詞形音義	5-1-1能熟習常用生字語詞的形音義 5-2-1能掌握文章要點,並熟習字詞句型 5-3-1-1熟習活用生字語詞的形音義,並能分辨語體文及文言文中詞語的差別 5-4-1能熟習並靈活應用語體文及文言文作品中詞語的意義
	b.句子	5-2-1能掌握文章要點,並熟習字詞句型 5-2-7-1能概略讀懂不同語言情境中句子的意思,並能依語言情境選用不同字詞和句子 5-3-3-3能理解簡易的文法及修辭 5-3-7-1能配合語言情境,欣賞不同語言情境中詞句與語態在溝通和表達上的效果

二、閱讀認知能力		分段能力指標
	c.表層理解	5-1-2-2能概略瞭解課文的內容與大意 5-2-14-2能理解在閱讀過程中所觀察到的訊息 5-4-3-1能瞭解並詮釋作者所欲傳達的訊息,進行對話
	d.文章要點統整	5-2-1能掌握文章要點,並熟習字詞句型 5-2-14-3能從閱讀的材料中,培養分析歸納的能力 5-3-1能掌握文章要點,並熟習字詞句型
4.深層分析	a.深層內容推論解釋	5-3-5-2能用心精讀,記取細節,深究內容,開展思路 5-4-3-1能瞭解並詮釋作者所欲傳達的訊息,進行對話 5-4-3-4能欣賞作品的內涵及文章結構
	b.寫作技巧	5-2-14-5能說出文章的寫作技巧或特色 5-4-3能欣賞作品的寫作風格、特色及修辭技巧
5.批判評論		5-3-10-1能夠思考和批判文章的內容

三、閱讀課程地圖

根據上文教學目標與分段能力指標的統整,可進一步規劃「九年一貫的閱讀課程地圖」。茲將「閱讀課程地圖規劃」,說明如後:

表八

教學目標		1-2	3-4	5-6	7-9
	(一) 文類知識	1. 認識文體	1. 認識文體	2. 認識文類	3. 分辨文類

教學目標		1-2	3-4	5-6	7-9
一、 閱讀認知能力	（二）主題結構	1. 主題 *	1. 主題 2. 寫作目的 * 3. 表述方式	1. 主題 2. 寫作目的 3. 表述方式 4. 結構 *	1. 主題 2. 寫作目的 3. 表述方式應用 * 4. 文章結構
	（三）表層理解	1. 字詞形音義 2. 句義 3. 理解表層訊息	1. 字詞形音義 2. 句義、句型 3. 理解表層訊息 * 4. 統整文章要點 *	1. （文言）字詞形音義 2. 句義、句型、語態、文法 * 3. 理解表層訊息 4. 統整文章要點	1. （文言）字詞形音義 2. 句義、句型、語態、文法 3. 理解局部表層訊息 4. 統整段落要點
	（四）深層分析		1. 分析寫作特色、技巧 *	1. 推論、解釋層內容 * 2. 分析寫作特色、技巧、修辭	1. 推論、解釋層內容（內涵、文學美感）* 2. 分析寫作特色、技巧、修辭
	（五）批判評論			1. 表達意見說明理由 *	1. 表達意見說明理由 2. 比較異同* 3. 評論內容
二、閱讀應用能力		1. 摘要大意 *	2. 理解、統整重點 *	2. 理解、統整重點 3. 摘要	2. 理解、統整重點 3. 比較、分析 * 4. 解決生活（表達能力應用）*
三、閱讀自學能力		1. 利用圖書館 2. 應用工具書	1. 利用圖書館 2. 應用工具書 3. 電腦資訊	1. 利用圖書館 2. 應用工具書 3. 電腦資訊	1. 利用圖書館 2. 應用工具書 3. 電腦資訊
四、閱讀討論分享能力		1. 討論分享	1. 討論分享	1. 討論分享	1. 討論分享
五、擴展閱讀多元視野能力		1. 閱讀課外書	2. 閱讀不同表述方式文章	3. 閱讀不同文類、題材文學作品	4. 閱讀各種議題、不同族群文學作品 5. 閱讀國、內外文學名著

說明：

1. 課綱分段能力指標的精神，應是下一階段自然包含前一階段能力，因此如在各階段分述的能力、內容中，後一階段未列舉的缺空項目，經合併統整後，根據前一階段能力或內容補足。

2. 各項內容、能力，如描述項目不同，根據描述重點，歸併入合適的項目。

3. 主題：指標分大意及主旨兩種，這兩類的意涵不太相同，大意是表面訊息的摘要，主旨是內在意涵的推論或聯想，所以本表用主題概括。

4. 寫作目的：指標原為「了解作者對人、事、物所表達的關懷」，而表達關懷為作者的寫作目的，故以寫作目的概括。

5. 結構：結構概念出現於第二階段，但第三階段有具體內容，建議第二階段只需有結構概念即可。第四階段則為文章結構，文章結構與第三階段的結構知識如進一步區分，建議可定義為文章主題的主、從脈絡。

6. 表述方式應用：第四階段指標空白，依國中教材選文及表述方式，分借事抒情、說理，借景、借物抒情，借事寫人等為表述方式應用重點，亦可為意義段重點的順序。

7. 文法：一般文法分析多以句子為單位，故列於句子。第四階段句子部分指標空白，依前階段補上句型、句義、文法。

8. 理解表層訊息：指標原為「了解訊息」，這樣的描述略嫌空泛，參照國際閱讀素養指標，用「理解表層訊息」替代。

9. 統整文章要點：指標原為「了解文章要點」，為避免與「了解訊息」混淆，用「統整文章要點」替代，統整比理解的層次較高，範圍較大。國中部分建議改為段落要點，縮小統整範圍。

10. 深層分析：指標為深究內容，但深究內容的描述略嫌空泛，改為深層分析。

11. 推論、解釋層內容：指標為深究內容，描述略嫌空泛，參照國際閱讀素養指標，用「推論、解釋深層內容」替代。

12. 分析寫作特色、技巧：將寫作特色技巧及修辭，歸併入寫作技巧分析。

13. 表達意見，說明理由：第三階段指標原為「批判內容」，考慮國小學生能力，參照國際閱讀素養指標，改為「表達意見，說明理由」。

14. 比較異同：第四階段無批判相關內容，根據第三階段內容加入，並根據應用能力的比較，增列比較異同及評論內容。

15. 摘要大意：第一階段只有提昇閱讀興趣，無具體應用能力，參照認知能力，加入摘要大意。。

16. 統整重點：第二階段只有提昇閱讀興趣，無具體應用能力，參照認知能力，加入理解、統整重點。

17. 比較分析：第四階段有比較，再根據認知能力加入分析。

18. 解決生活問題：教材範文不具備此內容，建議改為表達能力的應用。

19. 自學能力、討論分享能力、多元視野能力為提昇閱讀認知能力的輔助策略，可在教學活動方式及教學資料中靈活應用。

參、閱讀課程地圖－國中

根據「九年一貫閱讀課程地圖」，可進一步結合國中課文內容，規劃「國中國語文閱讀課程地圖」的相關內容。

一、閱讀課程地圖

有關「國中國語文閱讀課程地圖」的內容，可分教學目標、課程重點、表現能力三項，茲列表說明如後：

表九

教學目標		課程重點	表現能力
一、 閱讀認知能力	（一）文類知識	1. 認識文類格式、特質：認識散文，韻文，小說的格式、特質 2. 理解文類格式、特質：理解散文（現代、古典、族群），韻文（現代二類、古典六類），小說（古典、現代）的格式、特質 3. 比較文類格式、特質：比較韻文，散文，小說各類別不同的格式、特質	理解能力 比較能力
	（二）主題結構	1. 理解自然段及重點 2. 理解意義段 3. 統整意義段重點 4. 統整主題：題目（主題）、主題重要性 5. 理解寫作目的：作者對人、事、物的關懷 6. 統整表述方式：借事說理、借景抒情、借事寫人、或意義段重點順序 7. 統整文章結構：文章主題的主脈絡與次脈絡	理解能力 統整能力
	（三）表層理解	1. 理解語詞：再認字詞形、音，詮釋字詞涵義 2. 理解句子：詮釋句義，理解句型、語態、文法 3. 理解表層訊息：再認訊息重點 4. 統整段落要點：以表格統整重點	理解能力 統整能力
	（四）深層分析	1. 推論寓意、寫作目的，舉例證據解釋看法 2. 分析寫作技巧：分析寫事，寫人，寫景，寫物，議論，小說的寫作技巧	分析能力

（五）批判評論	1. 表達意見，說明理由 2. 比較異同 3. 評論內容	應用能力 比較能力 評論能力
二、閱讀應用能力	1. 認知能力應用 （1）內容：a.文類知識b.主題結構c.表層理解d.深層分析e.批判評論 （2）能力：理解，統整，分析，比較，評論 2. 表達能力應用 （1）內容：a.詮釋b.重述c.摘要d.改寫e.改編f.創作 * （2）能力：應用	
三、閱讀自學能力	圖書館、工具書、電腦資訊	
四、閱讀討論分享能力	討論分享	
五、擴充閱讀多元視野能力	各種議題、不同族群、國內外名著	

　　表達能力應用的詮釋是文言文轉譯，著重文字的流暢度。重述是重新梳裡不清晰段落的內容，依其原意重寫。摘要是文章重點摘要。改寫是敘述者或敘述視角轉換如〈背影〉改為父親的角度。改編是文類轉換如〈空城計〉改為劇本。創作是長時間精修的作品。

二、閱讀課程地圖－認知、表達能力分段教學主題（建議）

根據閱讀課程地圖的教學重點，結合課文內容，可試擬課程地圖認知、表達能力的分段教學主題，提供教師參考。茲將認知、表達能力分段教學主題試擬，說明如後：

表十

教學目標	七上	七下	八上	八下	九上	九下
一、認知能力	文類知識 練習段落順序 練習統整段落要點 練習分析寫作技巧 表達看法	文類知識 練習統整結構 練習統整段落要點 練習推論解釋 表達看法	文類知識 統整結構 統整段落要點 分析寫作技巧 比較異同	文類知識 練習主題 統整段落要點 推論解釋 比較異同）	文類知識 統整主題、結構 統整段落要點 推論解釋 分析寫作技巧 評論內容形式	補救教學
二、表達能力	練習詮釋 重述 摘要	練習詮釋 重述 摘要	詮釋 重述 摘要	練改寫 改編 創作	練改寫 改編 創作	改寫 改編 創作

三、閱讀課程地圖－評量重點（建議）

根據閱讀課程地圖的分段教學主題規劃，可試擬課程地圖的評量重點，提供教師參考。茲將評量重點試擬，說明如後：

表十二

評量重點	七上	七下	八上	八下	九上	九下
評量內容	文類知識 練習段落順序 練習統整內容要點 練習分析寫作技巧 表達看法	文類知識 練習統整結構 練習統整內容要點 練習推論解釋 表達看法	文類知識 統整結構 統整內容要點 分析寫作技巧 比較異同	文類知識 練習主題 統整內容要點 推論解釋 比較異同）	文類知識 統整主題、結構 統整內容要點 推論解釋 分析寫作技巧 評論內容形式	文類知識 統整主題、結構 統整內容要點 推論解釋 分析寫作技巧 評論內容形式

肆、提昇閱讀能力的教學規劃

一、課程規劃依據

　　教師理解教學目標、課程地圖後，開始進行課程規劃，課程規劃的依據是「九年一貫閱讀分段能力指標」，因此先將教學目標所含括的十項能力，與「九年一貫閱讀分段能力指標」的呼應關係，分別說明如下：

表十二

教學目標		九年一貫閱讀分段能力指標
一、引起動機		5-4-7-4能將閱讀內容，思考轉化為日常生活中解決問題的能力
二、 主題結構	1.主題（國中無，參照國小部份）	5-3-3-1能瞭解文章的主旨、取材及結構
	2.寫作目的	5-4-5-1能體會出作品中對周遭人、事、物的尊重與關懷
	3.表述方式（國中無，參照國小部份）	5-2-3-1能認識文章的各種表述方式(如：敘述、描寫、抒情、說明、議論等) 5-3-3-2能認識文章的各種表述方式(如：敘述、描寫、抒情、說明、議論等)
	4.結構	5-4-3-4能欣賞作品的內涵及文章結構
三、文類知識		5-4-3-2能分辨不同文類寫作的特質和要求
四、 表層理解	1.字詞形音義	5-4-1能熟習並靈活應用語體文及文言文作品中詞語的意義
	2.句子（國中無，參照國小部份）	5-2-1能掌握文章要點，並熟習字詞句型 5-2-7-1能概略讀懂不同語言情境中句子的意思，並能依語言情境選用不同字詞和句子 5-3-3-3能理解簡易的文法及修辭 5-3-7-1能配合語言情境，欣賞不同語言情境中詞句與語態在溝通和表達上的效果

教學目標		九年一貫閱讀分段能力指標
	3.表層訊息理解	5-4-3-1能瞭解並詮釋作者所欲傳達的訊息,進行對話
	4.段落要點統整	5-2-14-3能從閱讀的材料中,培養分析歸納的能力
五、 深層分析	**1.寫作技巧**	5-4-3能欣賞作品的寫作風格、特色及修辭技巧
	2.深層內容推論解釋	5-4-3-1能瞭解並詮釋作者所欲傳達的訊息,進行對話 5-4-3-4能欣賞作品的內涵及文章結構
六、批判評論(國中無,參照國小部份)		5-3-10-1能夠思考和批判文章的內容
七、討論分享能力		5-4-7-1能共同討論閱讀的內容,交換心得
八、拓展多元視野能力		5-4-5-2能廣泛閱讀臺灣各族群的文學作品,理解不同文化的內涵 5-4-5-4能喜愛閱讀海洋、生態、性別、族群等具有當代議題內涵的文學作品。 5-4-5-3能喜愛閱讀國內外具代表性的文學作品。
九、自學能力		5-4-6能靈活應用各類工具書及電腦網路,蒐集資訊、組織材料,廣泛閱讀。
十、應用能力		5-4-7-3能從閱讀中蒐集、整理及分析資料,並依循線索,解決問題(理解、統整、分析) 5-4-4-1能廣泛閱讀課外讀物及報刊雜誌,並養成比較閱讀的習慣(比較) 5-4-7-4能將閱讀內容,思考轉化為日常生活中解決問題的能力(應用、評論)

引起動機,在認知、表達能力的討論中未列入,但教師經常使用,所以附列能力指標以供參考。

二、教材重點規劃

　　課程規劃的第一步,是規劃單課教材的重點。單課教材的重點規劃以實踐教學目標的十項能力為原則,但因引起動機、討論分享、拓展多元視野、自學等四項能力,屬於課程活動設計,因此教材重點規劃只需以五項認知能力及表達能力為教學目標。

　　根據教學目標的能力,配合單課教材重點,即可規劃課程目標。而課程目標完成,必須有學習成果評量,檢視教學成果,因此必須設計多元評量練習。接著就是根據課程目標及多元評量所需的時間及順序,安排上課節次。為協助教師簡化教材重點規劃的流程,減少時間耗費,建議教師使用下列「教材重點規劃表」,作為輔助工具。下列「教材重點規劃表」先以〈夏夜〉為例,說明使用方法。

教學目標	課程目標	多元評量	節次
文類知識	1. 理解童詩	1. 找一首童詩	一
	2. 分辨童詩	2. 整理韻文與散文不同	二
主題結構	4. 重複與段落	4. 整理順序圖	三
表層理解	5. 理解內容	5. 整理內容	三
	6. 理解句子結構	6. 整理句子結構	四
深層分析	7. 分析擬人法	7. 應用擬人法寫童詩	
批判評論	3. 表達意見	3. 說明喜歡某童詩的理由	二
表達建構	8. 意象經營	8. 整理意象本意	五

　　「教材重點規劃表」根據規劃的四大重點，在橫欄分教學目標、課程目標、多元評量及節次。教學目標下則分認知能力的文類知識、主題結構、表層理解、深層分析、批判評論五項及表達建構一項。

　　接著教師根據課文特色思考課程目標。

　　「文類知識」：〈夏夜〉是七年級學生第一次接觸童詩，所以必須安排的理解童詩。而韻文、散文、小說是國中文類的三大核心，也需要先釐清彼此的不同，所以安排分辨童詩，釐清韻文、散文的差別二項為課程目標。

　　「主題結構」：〈夏夜〉句末的重複語詞，具有押韻的效果，又能分開敘述的次序與重點，所以安排重複與段落一項為課程目標。

　　「表層理解」：理解內容是七上的學習的重點，所以先安排理解內容。而在理解內容的教學過程中，教師必定會發現同學對〈夏夜〉後三句的主詞、動詞，無法清楚分辨，所以再安排理解句子結構。因此理解內容、理解句子結構二項是課程目標。

　　「深層分析」：安排擬人法的寫作技巧為課程目標。

　　「批判評論」同學完成尋找童詩的活動後，可引導說明喜歡的原因，所以安排表達意見一項為課程目標。

　　「表達建構」：〈夏夜〉是一首詩，而同學對詩的意象經營，最感迷惑，可安排「推敲還原詩句意象本意」的活動，作為認識詩意象經營的起步。因此理解意象經營一項是課程目標。

教師經過上述的構思後，可將教學重點如理解童詩、分辨童詩與散文等填入課程目標的欄位。

教師確定課程目標後，必須針對每一個課程目標，設計數個課程活動，讓學生能逐漸學會這個課程目標。而當活動進行完成後，為確保學生學會這項目標的能力，教師必須設計相對應的練習，讓教師與同學都能了解這項課程目標是否已經達成。這些練習就是本堂課的多元評量。例如教師設計課程活動教同學理解童詩的特質後，就可以安排同學利用網路資訊，尋找一首自己喜歡的童詩，教師即可將「找一首童詩」填入多元評量的欄位。

此處所以強調多元評量，是因為「找一首童詩」的練習，雖然直接對應「理解童詩」的課程目標，檢核同學是否完成理解童詩的學習，但此練習還可以有「提昇多元視野」及「提昇自學能力」的學習功能。

次外，老師可利用此童詩，進一步要求同學說明自己喜歡它的原因，並在課堂上與同學分享。這樣又可以達到「表達意見，溝通分享」的目標。

所以在多元評量上教師填寫的可能只是簡單的尋找童詩與說明喜歡的理由，用以呼應理解童詩及表達意見的課程目標，但它的隱含的教學、評量功能其實是更多元的。

最後是規劃節次的安排。節次的安排要注意教學上的循序漸進，基本上可依照表格認知能力的先後順序。而教學順序的「先認知後表達」，每堂課結束前都能安排結束此學習的練習，則是期待教師能內化為習慣的教學原則。

但教師規劃教材重點，不一定要盡括認知能力，也可以是單項的深入規劃，例如〈心囚〉就可以只是「主題結構」的單項深入練習。所以「教材重點規劃表」的設計可以是：

表十四

教學目標	課程目標	多元評量	節次
主題結構	1. 理解意義段	1. 練習摘要意義段重點	一
	2. 理解主題、寫作目的	2. 整理主題寫作目的	二
	3. 組織主、次脈絡	3. 畫組織圖	三
表達建構	4. 重述段落	4. 練習段落重述	四

此外，教師進行教材重點規劃時，也可以根據教學研究會的討論，以段考為範圍，選擇較適合的認知能力與表達能力做為設計重點，例如七上第一、二、三、四課可著重文類知識、表層理解（第一次段考範圍），五、六、七、八課著重主題結構、批判評論（第二次段考範圍），九、十、十二課著重深層分析（第三次段考範圍）。

而教材重點設計，不論是綜合、單項、局部，主要目的都可以讓教學活動的主題清晰明確，方便同學進行有系統的學習，而評量也可以有清晰明確的目標。

所以「教材重點規劃表」可以協助教師進行教材重點規劃、記錄，如將「教材重點規劃表」彙整，就可以成為教師個人的教學「課程地圖」，既方便追蹤一學期或一學年的教學內容與學生學習進度，未來交接新班級時，也方便新教師立刻熟悉本班的學習狀況。

三、課程活動設計

教師以「教材重點規劃表」完成課程目標的設計後，接著要為每個課程目標進行課程活動設計，課程活動設計可以利用下表協助進行。下表以〈夏夜〉的課程目標六「理解句子結構」為設計依據。

六、理解句子結構	
（一）	1. 經過上一個活動後，老師發現同學對於最後一段三個句子的涵義還有一點不了解。現在，我們再來看句子的結構，幫助同學更清楚了解句子的涵義。 2. 同學覺得這三個句子，哪個最難，哪個最簡單？ 3. 我們就從最簡單的練習。 4. 同學把它再唸一遍。
（二）	1. 我們看「只有綠色的小河還醒著，」，主詞是什麼？動詞是什麼？綠色的是什麼？ 2. 我說「小河醒著」，同學會不會覺得不夠清楚，你們還想知道什麼？ 3. 對啊，還想知道醒著在做什麼，所以要做補充說明。我們看作者的補充說明是什麼？ 4. 「低聲地歌唱著溜過彎彎的小橋。」這句話的主詞是誰？我們補上去「（小河）低聲地歌唱著溜過彎彎的小橋。」 5. 再看動詞是什麼？只能有一個同學再想一想。 6. 對是溜過，溜過哪裡？ 7. 所以主要的涵義是小河溜過小橋 8. 低聲的唱歌、彎彎的都是補充說明。 9. 我們練習統整一下。（黑板說明1）
（三）	1. 現在我們要練習最難的。同學吸一口氣，準備迎接挑戰了嗎？ 2. 「夜風醒著」，它做什麼事？要注意有兩件。 3. 第一件事－夜風跑出來，從竹林。第二件事－夜風跟著螢火蟲旅行。 4. 重複前句流程，在黑板上利用下列表格，統整內容。（黑板說明2）
（四）	1. 「南瓜醒著」，它做什麼事？要注意有兩個主詞。 2. 重複前句流程，在黑板上利用下列表格，統整內容。（黑板說明3）
應用	1.練習分別前述三句的主句與附屬句，並說明他們的主詞與動詞。（應用練習表格）

（一）黑板說明1

表十六

句型	主詞	動詞	主詞	動詞	處所
主句	小河	醒著			
補充句			（小河）	溜過	小橋
補充詞	綠色的			低聲地歌唱著	彎彎的

（二）黑板說明2

表十七

句型	主詞	動詞	主詞	動詞	處所
主句	夜風	醒著			
補充句			（夜風）	跑出來	竹林
補充句			（夜風跟著螢火蟲）	旅行	夏夜
補充詞			提燈的	愉快地	美麗的

（三）黑板說明3

表十八

句型	主詞	動詞	主詞	動詞	受詞	主詞	動詞	處所
主句	南瓜	醒著						
補充句			（南瓜）	伸長	藤蔓			
補充句						（藤蔓）	爬	屋頂上
補充詞	窗外瓜架上的						輕輕地	

（四）應用練習表格

表十九

句型	內容	主詞	動詞
主句	只有窗外瓜架上的南瓜還醒著，	南瓜	醒著
附屬句		南瓜	伸長
附屬句	（　）輕輕地往屋頂上爬。	藤蔓	
主句		小河	醒著
附屬句	（　）低聲地歌唱著溜過彎彎的小橋。		溜過
主句	只有夜風還醒著，	夜風	醒著
附屬句			跑出來
附屬句	（　）跟著提燈的螢火蟲，在美麗的夏夜裡愉快地旅行。	夜風跟著螢火蟲	旅行

26   閱讀教學HOW上手

（五）應用練習參考答案

表二十

句型	內容	主詞	動詞
主句	只有窗外瓜架上的南瓜還醒著，	南瓜	醒著
附屬句	（）伸長了藤蔓	南瓜	伸長
附屬句	（）輕輕地往屋頂上爬。	藤蔓	爬
主句	只有綠色的小河還醒著	小河	醒著
附屬句	（）低聲地歌唱著溜過彎彎的小橋。	小河	溜過
主句	只有夜風還醒著，	夜風	醒著
附屬句	（）從竹林裡跑出來，	夜風	跑出來
附屬句	（）跟著提燈的螢火蟲，在美麗的夏夜裡愉快地旅行。	夜風跟著螢火蟲	旅行

上述的課程活動，如利用表格來呈現，可以讓內容變得清晰俐落。

表格使用的重點為：

先說明課程目標，接著以（一）（二）……說明該目標的活動及順序，並以1.2.3……說明（一）、（二））等的細項內容。

而本表的規劃為：

（一）說明文法結構的重點及安排處理三個句子的原因及順序。

（二）說明第一句的結構，分八點進行引導，最後在黑板呈現結果。

（三）、（四）過程類似。

「應用練習」：總結上述活動，進行學習成果評量。

應用練習教師可提供一個有局部空欄的表格，如上述的應用練習表格。這個表格要空出多少欄位讓同學填寫，老師可以依同學程度自由設計。設計原則是隨同學的學習累積，表格空欄會愈來愈多，讓同學愈來愈有學習挑戰與成就感。（學習一段時間後，同一表格也可以有不同空格的欄位設計，供中、高、低學習成就的同學使用，甚至可以提供空白表格，讓學生自行設計，這樣就可以達到教室個別差異的學習）

此外，課程活動設計還應注意幾個重點：課程活動設計要能讓同學有討論、分享、表達的過程。課程活動設計要能引起同學學習興趣，有效達成課程目標。課程活動設計應以現行教材為核心，但為增加教學效果，可加入課外題材作為參照、比較之用，亦可加入有關族群不同議題的作品，拓展同學多元視野。

四、教師教學反思

教師規劃好課程活動設計，即可進行教學活動。教學活動進行時應仔細觀察，並記錄同學的學習反應與學習成果，如課堂回答、小組討論、作業練習等，做為教學反思依據。下列「教師教學反思表」可以做為的輔助工具，協助教師對課程目標的學生學習成果進行反思。表格內容仍以〈夏夜〉為參考範例。

表二十一

教學目標	課程目標	檢核內容	說明實施狀況	如何改善教學
文類知識	認識理解童詩 分辨童詩散文	1. 同學能否填寫夏夜內容 2. 同學能否正確找出童詩 3. 同學能否整理韻文與散文的不同	記錄表現不佳的同學 記錄同學表現不佳的目標	表現不佳同學的輔導、補救 課程目標於下一課重複實施
主題結構	語詞重複與分段	1. 同學能否畫順序圖		
表層理解	理解內容 理解句法結構	1. 同學能否整理內容 2. 同學能否整理句法結構		
深層分析		1. 同學能否應用擬人法		
表達建構	理解意象本意	1. 同學能否填寫意象本意		

五、學生學習記錄

　　教師完成教學活動後，除以「教師教學反思表」記錄單元教學的學生學習成果，評估教學成效外，也可以利用下列的「學生學習記錄表」簡單記錄同學的學習狀況。「學生學習記錄表」，原則上以課為單位，利用單課紀錄，逐漸累積成學期、學年的紀錄。下列「學生學習記錄表」也是以〈夏夜〉為設計依據。

表二十二

教學目標	學習重點	佳佳	小偉	婷婷
文類知識	理解韻文	能完成〈夏夜〉格式 能完成尋找童詩	無法完成 能完成尋找童詩	能完成內容 能完成尋找童詩
	分辨散文、韻文	能完成表格	無法完成表格	能完成部分表格
主題結構	順序圖	正確迅速	正確但耗時	正確
表層理解	整理內容	能自行統整	能填寫內容但耗時	能填寫內容
深層分析		能完成擬人法的應用		
批判評論	表達意見	能掌握重點表達清晰	無法清楚說明	說明簡略
表達建構	意象本意	操作熟練	無法完成	局部完成

六、教師課程地圖

　　教師完成單課「教材重點規劃表」後，可以逐漸累積成為自己的課程地圖，從課程地圖可以了解各項認知及表達能力的教學進度，方便進行下一課或下一學期的課程規劃。下表「教師課程地圖表」即以七上的數課為設計依據。

表二十三

教學目標	夏夜	絕句選	雅量	凝眸	心囚	藩籬
認知能力						單元評量
文類知識	童詩特質	絕句格式	散文特質	散文特質	散文特質	◎散文特質
主題結構	畫順序圖	畫順序圖	畫順序圖	畫順序圖	畫順序圖	◎畫順序圖
表層理解	統整內容 句法	統整內容	統整內容	統整內容	統整內容	◎統整內容
深層分析	擬人	象徵	因果	衝突場面	對比	
批判評論	表達看法	表達看法	表達看法	表達看法	表達看法	◎表達看法
表達能力						
基礎建構	意象本意	寫作結構	換句話說 重述	意象構思－衝突 場面	重述	◎重述

伍、閱讀能力多元評量

　　如何以多元評量檢核同學的學習成果，是未來十二年國教能否成功，能否提昇教學成效，重要的一環，但教師往往對多元評量感覺陌生，所以嘗試結合國中教材及課程地圖，設計評量練習題，供教師參考。教師使用這些評量練習題，應著重表格空欄的設計。例如本書所提供的表格都是以參考答案的完整形式呈現，但老師讓同學練習時，表格可以針對同學的學習進度，在空欄設計上做多元性的組合，這樣才能符合實際教學的需要。

一、建構題型

　　建構題型多為非選擇題，用以了解同學對學習重點的理解歷程，使用的時機可為課堂練習，段考評量及學期結束的總結性評量。

（一）段考或課後評量範例

　　根據上文的課程地圖，嘗試以下表，規劃各年段學期評量重點，供教師參考。其次根據認知、表達能力的分項重點，設計參考試題。

表二十三

評量內容	七上	七下	八上	八下	九上	九下
理解能力	文類知識 表層訊息	文類知識 表層訊息	文類知識 表層訊息	文類知識 表層訊息	文類知識 表層訊息	文類知識 表層訊息
統整能力	練習統整段落要點 練習統整段落順序	練習統整段落要點 練習統整結構	統整段落要點 統整結構	統整段落要點 練習主題	統整段落要點 統整主題結構	統整段落要點 統整主題結構
應用能力	練習詮釋 重述 摘要 表達意見	練習詮釋 重述 摘要 表達意見	詮釋 重述 摘要	練習改寫 改編 創作	練習改寫 改編 創作	改寫 改編 創作

評量內容	七上	七下	八上	八下	九上	九下
分析能力	練習分析寫作技巧	練習推論解釋深層內容	分析寫作技巧	推論解釋深層內容	分析寫作技巧 推論解釋深層內容	分析寫作技巧 推論解釋深層內容
比較能力			比較異同	比較異同		
評論能力					評論內容、形式	評論內容、形式

甲、主題結構

1. 統整「登鸛雀樓」的意義段重點。

自然段	1.2	3.4
意義段	一	二
重點	寫景	說理

2. 統整「兒時記趣」的主題。

主題	兒時的物外之趣
主題內涵	兒時觀賞蚊子、叢草的物外之趣
主題重要性	了解創造美好時光的方法
寫作目的	回憶兒時美好時光

3. 統整「雅量」的表述方式。「統整」

表述方式	借事說理 事：沒有雅量的行為 理：喜歡時，要有尊重不同看法的雅量

4. 統整「張釋之執法」的文章脈絡。

張釋之執法			
犯蹕	犯蹕供詞	皇帝不同意判決	皇帝同意判決
時間、過程、結果	理由、主張	理由、主張	理由、主張

乙、文類知識

1. 閱讀下文，舉文中使用的句子或語詞，說明它是鄉土散文。「理解」

舉例	鄉土散文特質
那時，我們住的是<u>低矮簡陋的農舍</u>，<u>簷下無排水溝，庭院未鋪柏油</u>，一下雨，便泥濘不堪。屋頂上的雨水滴落下來，卻理直氣壯的在簷下匯成一道水流。 也許那雨一下就是十天半月，<u>農作物都有被淋壞、被淹死的可能，母親（們）心裡正掛記這些事，煩亂憂愁不堪。</u>	台灣早期農村居住的境況 台灣農村人民的生活心聲

2. 閱讀下文，舉例虛字、單詞、句式、省略的例子，證明它是文言散文。「理解」

內容	項目	舉例
一日，見二蟲鬥草間，觀之，興正濃，忽有龐然大物，拔山倒樹而來，蓋一癩蝦蟆也。舌一吐而二蟲盡為所吞。余年幼，方出神，不覺呀然驚恐。神定，捉蝦蟆，鞭數十，驅之別院。	虛字	觀之
	單詞	見二蟲鬥草間
	省略	二蟲鬥草間
	句式	二蟲盡為所吞

3. 閱讀下列二詩，推論哪首詩是五言絕句，並進一步說明理由。「理解」

項目	內容	句數	字數	押韻	246平仄	分類
甲	前不見古人，後不見來者。念天地之悠悠，獨愴然而涕下！	4	5.6	者、下	平仄、平平、平平、仄平仄	古詩
乙	山中相送罷，日暮掩柴扉。春草明年綠，王孫歸不歸。	4	5	扉、歸	平仄、仄平、仄平、平仄	近體：絕句

乙詩是五言絕句。因為押同韻、字數固定五字、平仄相對。

4. 閱讀下列二詩，比較哪首詩是古詩，並進一步說明原因。「理解」

項目	內容	句數	字數	押韻	246平仄	分類
甲	生年不滿百，常懷千歲憂。晝短苦夜長，何不秉燭遊。為樂當及時，何能待來茲。愚者愛惜費，但為後古嗤。仙人王子喬，難可與等期。	10	5	憂遊茲嗤期	平仄、平仄、仄仄、仄平、仄平、平平、平平、仄仄、平仄、仄仄	古體
乙	故人具雞黍，邀我至田家。綠樹村邊合，青山郭外斜。開筵面場圃，把酒話桑麻。待到重陽日，還來就菊花。	8	5	家斜麻花	平平、仄平、仄平、平仄、平平、仄平、仄平、平平（入）	近體律詩

甲詩是古詩，因為句數十句，換韻，平仄規律凌亂。

丙、表層理解

1. 詮釋「夏蚊成雷，私擬作群鶴舞空，心之所向，則或千或百，果然鶴也；昂首觀之，項為之強」的涵義。「理解」

夏蚊成雷	私擬作	群鶴舞空	心之所向	則或千或百	果然鶴也	昂首觀之	項為之強
夏天成群的蚊子嗡嗡作響	想像成	許多鶴在天空飛舞	看著想著	這群蚊子	果真像鶴在空中飛舞	抬頭觀賞這些景象	脖子都僵硬了

2. 「雅量」中作者舉哪三種例子，說明看法不同很普遍。「理解」

看法不同的例子	鞋店、布店、人

3. 說明「夏夜」中「還醒著」三句的主句與附屬句，並畫出它們的主詞與動詞。「理解」

項目	1	2	3
主句	只有窗外瓜架上的南瓜還醒著	只有綠色的小河還醒著	只有夜風還醒著
附屬句	（南瓜）伸長了藤蔓輕輕地往屋頂上爬	（小河）低聲地歌唱著溜過彎彎的小橋	（夜風）從竹林裡跑出來，跟著提燈的螢火蟲，在美麗的夏夜裡愉快地旅行

4. 統整作者產生觀蚊之趣的過程。

對象	環境	觀察	想像	結果	神遊	感受
蚊子	一般空間	蚊子飛鳴	群鶴舞空	像群鶴舞空	神遊其中	項為之強
蚊子	素帳中	蚊子沖煙飛鳴	青雲白鶴	像鶴唳雲端	神遊其中	怡然稱快

5. 統整驅、鞭、趕蝦蟆的原因、過程及感受。

原因	過程	感受
蝦蟆吞二蟲	捉住蝦蟆→鞭打蝦蟆→驅趕蝦蟆	驚恐→憤怒

6. 統整紙船寓藏「美麗感情」的內容。

項目	內容
涵義	讓孩子在雨天裡也有笑聲
過程	母親（們）心裡正掛記這些事，煩亂憂愁不堪，但她仍然平靜和氣的為孩子摺船，好讓孩子高興
結果	摺成比別的孩子所擁有的還要漂亮的紙船

丁、深層分析

1. 「上行，出中渭橋，有一人從橋下走出，乘輿馬驚。於是使騎捕，屬之廷尉。」你認為這段敘述是哪個人的觀點？並據例證據支持看法。「解釋」

看法	證據	
皇帝、 犯蹕者、 侍衛、 敘述者的觀點※	內容	推論
	上行	不是皇帝
	有一人	不是犯蹕者
	使騎捕	不是侍衛

2. 縣人主張犯蹕是意外，你認為他的供詞能否支持他的主張？從文章舉例證據，支持你的看法。「解釋」

看法	證據
能支持 不能支持	

3. 推論張釋之認為「廷尉，天下之平也，一傾而天下用法皆為輕重，民安所錯其手足？」的寓意。「推論」

> 廷尉審判如果偏袒皇帝，會讓全國各級的審判官員，認為權勢可以左右審判結果，那麼法律條文將形同虛設，權貴者可以肆無忌憚的欺壓百姓，百姓將生活在水火之中。

4. 推論作者以「漁唱帶出千佛山倒影」的寓意。「推論」

內容	寓意
漁唱	如桃花源的漁夫，帶讀者進入美好世界
倒影比實景美	虛景更勝實景的審美觀，點題大明湖之美

5. 分析「梵宇僧樓，與那蒼松翠柏，高下相間，紅的火紅，白的雪白，青的靛青，綠的碧綠。更有一株半株的丹楓夾在裡面，彷彿宋人趙千里的一幅大畫，做了一架數十里長的屏風。」的寫景技巧。

1. 構圖	梵宇僧樓，與那蒼松翠柏，高下相間更有一株半株的丹楓夾在裡面
2. 色彩、光線	紅的火紅，白的雪白，青的靛青，綠的碧綠
3. 烘托	彷彿宋人趙千里的一幅大畫，做了一架數十里長的屏風

6. 分析「水皆縹碧，千丈見底，游魚細石，直視無礙。急湍甚箭，猛浪若奔。」的寫景技巧。

1. 摹色	水皆縹碧
2. 烘托	千丈見底，游魚細石，直視無礙
3. 譬喻	急湍甚箭，猛浪若奔

7. 閱讀下文，分析作者的寫物技巧。

在白晝，聽不到鳥鳴，但是看得見鳥的形體。世界上的生物，沒有比鳥更俊俏的。多少樣不知名的小鳥，在枝頭跳躍，有的曳著長長的尾巴，有的翹著尖尖的長喙，有的是胸襟上帶著一塊照眼的顏色，有的是飛起來的時候才閃露一下斑斕的花彩。幾乎沒有例外的，鳥的身軀都是玲瓏飽滿的，細瘦而不乾瘪，豐腴而不臃腫，真是減一分則太瘦，增一分則太肥那樣地穠纖合度，跳盪得那樣輕靈，腳上像是有彈簧。看牠高踞枝頭，臨風顧盼——好銳利的喜悅刺上我的心頭。不知是什麼東西驚動牠了，牠倏地振翅飛去，牠不回顧，牠不徘徊，牠像虹似地一下就消逝了，牠留下的是無限的迷惘。有時候稻田裡佇立著一隻白鷺，拳著一條腿，縮著頸子；有時候「一行白鷺上青天」，背後還襯著黛青的山色和釉綠的梯田。就是抓小雞的鳶鷹，啾啾地叫著，在天空盤旋，也有令人喜悅的一種雄姿。

寫物技巧	外型－凸顯特徵	身軀－對比	活動－a.靜態 b.動態	身影－a.靜態、主體特寫 b.動態、環境烘托 c.動態、聲音、姿態
1. 客觀描寫	長尾巴 尖長喙 胸襟一塊照眼的顏色 翅下有斑斕的花彩	鳥的身軀都是玲瓏飽滿的，細瘦而不乾瘪，豐腴而不臃腫	a. (牠) 高踞枝頭，臨風顧盼 b.牠倏地振翅飛去	a.有時候稻田裡佇立著一隻白鷺，拳著一條腿，縮著頸子 b.有時候「一行白鷺上青天」，背後還襯著黛青的山色和釉綠的梯田 c.鳶鷹，啾啾地叫著，在天空盤旋
2. 主觀抒情		真是減一分則太瘦，增一分則太肥那樣地穠纖合度	b.好銳利的喜悅刺上我的心頭。 b.牠不回顧，牠不徘徊，牠像虹似地一下就消逝了，牠留下的是無限的迷惘	也有令人喜悅的一種雄姿

8. 分析作者議論「看法不同」時，所使用的論證技巧。」

說理技巧	內容	
1. 因果論證	因為 性格與生活環境不同 每人的看法不同 每人選擇的衣料、鞋、人不同 每人看法不同很普遍 看法不同沒有關係	所以 每人的看法不同 每人選擇的衣料、鞋、人不同（舉例） 每人看法不同很普遍（作者沒有說出） 看法不同沒有關係 喜歡時要有尊重不同看法的雅量
2. 例子證明	衣料、鞋、人選擇不同（證明看法不同很普遍）	

戊、批判評論

1. 〈王冕的少年時代〉中，作者將歷史上擅長畫梅花的王冕，改為擅長畫荷花，你認為和周敦頤的〈愛蓮說〉有沒有關係？並進一步說明理由。「應用」

意見	理由
有／沒有	

2. 〈謝天〉中，作者說「多少年，就在這種哲學中過去了」，「這種哲學」是指什麼？你認為這樣的心態好不好？並進一步說明理由。「應用」

哲學	意見	理由
老天爺也者，我覺得是既多餘，又落伍的 我感謝面前的祖父母，不必感謝渺茫的老天爺。	好 不好	

3. 閱讀下列兩段短文，說明你喜歡哪一段，再進一步說明理由。「應用」

| 甲 | 曲曲折折的荷塘上面，彌望的是田田的葉子。葉子出水很高，像亭亭的舞女的裙。層層的葉子中間，零星地點綴著些白花，有嬝娜地開著的，有羞澀地打著朵兒的；正如一粒粒的明珠，又如碧天裡的星星，又如剛出浴美人。微風過處，送來縷縷清香，彷彿遠處高樓上渺茫的歌聲似的。這時候葉子與花也有一絲的顫動，像閃電般，霎時傳過荷塘那邊去了。葉子本是肩並肩密密地挨著，這便宛然有了一道凝碧的波浪。葉子底下是脈脈的流水，遮住了，不能見一些顏色；而葉子卻更見風致了。 | 乙 | 須臾，濃雲密布，一陣大雨過了，那黑雲邊上鑲著白雲，漸漸散去，透出一派日光來，照耀得滿湖通紅。湖邊山上，青一塊，紫一塊，綠一塊；樹枝上都像水洗過一番的，尤其綠得可愛。湖裡有十來枝荷花，苞子上清水滴滴，荷葉上水珠滾來滾去。 |

意見	理由
喜歡 甲、乙	

4. 閱讀下列兩段文字，比較它們內容與形式的異同。「比較」

課名	內容	內容：異	形式：同
五柳	先生不知何許人也，亦不詳其姓字。宅邊有五柳樹，因以為號焉。閑靖少言，不慕榮利。好讀書，不求甚解，每有會意，便欣然忘食。性嗜酒，家貧，不能常得。親舊知其如此，或置酒而招之。造飲輒盡，期在必醉，既醉而退，曾不吝情去留。環堵蕭然，不蔽風日；短褐穿結，簞瓢屢空。——晏如也。常著文章自娛，頗示己志。忘懷得失，以此自終。 贊曰：黔婁之妻有言：「不戚戚於貧賤，不汲汲於富貴。」極其言，茲若人之儔乎？酣觴賦詩，以樂其志。無懷氏之民歟！葛天氏之民歟！	身世：不重姓氏、地域 經歷：重個人生活情趣 論贊：女性觀點	先身世 次經歷 後論贊

課名	內容	內容：異	形式：同
張釋之	張廷尉釋之者，堵陽人也，字季。…… 釋之為廷尉。上行，出中渭橋，有一人從橋下走出，乘輿馬驚。於是使騎捕，屬之廷尉。釋之治問。曰：「縣人來，聞蹕，匿橋下。久之，以為行已過，即出，見乘輿車騎即走耳。」廷尉奏當：一人犯蹕，當罰金。文帝怒曰：「此人親驚吾馬；吾馬賴柔和，令他馬，固不敗傷我乎？而廷尉乃當之罰金！」釋之曰：「法者，天子所與天下公共也。今法如此而更重之，是法不信於民也。且方其時，上使立誅之則已。今既下廷尉，廷尉，天下之平也，一傾而天下用法皆為輕重，民安所錯其手足？唯陛下察之。」良久，上曰：「廷尉當是也。」太史公曰：張季之言長者，守法不阿意。書曰「不偏不黨，王道蕩蕩；不黨不偏，王道便便」。張季近之矣。	身世：重姓氏、地域 經歷：重個人事功 論贊：史官觀點	先身世 次經歷 後論贊

5. 閱讀下文，先分析寫景技巧，再加以評論。

內容	寫景技巧							評論
泉水激石，泠泠作響；好鳥相鳴，嚶嚶成韻。蟬則千轉不窮，猿則百叫無絕。	項目	叫聲	摹聲	狀態	空間	音量	句法	文字結構緊湊，用最簡練的文字，表達豐富的內容。
	泉	響	泠泠	泉水激石	近	大	雙	
	鳥	鳴	嚶嚶	好鳥相鳴	中	小	雙	
	蟬	轉		千轉不窮	遠	細	單	
	猿	叫		百叫無絕	更遠	悠	單	

己、表達應用

1. 利用下列句型，用詩的形式寫一段對……的描寫。「應用」

內容	練習
來了！來了！從………（動詞）下來了。 來了！來了！從………（動詞）下來了。（美麗）………。	

2. 閱讀下列段落，並將他們改寫為流暢通順的白話。「應用」

內容	詮釋
又常於土牆凹凸處、花臺小草叢雜處，蹲其身，使與臺齊；定神細視，以叢草為林，蟲蟻為獸；以土礫凸者為丘，凹者為壑；神遊其中，怡然自得。	也常常選一個土牆堆，或花臺邊小草叢生的地方，蹲下來，讓身體與花臺的高度相當，慢慢仔細的觀察，把叢生的小草想像成濃密的樹林，把草間的螞蟻小蟲想像成各種動物，把凸起來的土粒想像成是小丘，凹下去的土洞想像成深谷，愉快的享受神遊其中的樂趣。

3. 練習以「因為、所以、雖然、但是、因為」重述文章。（〈心囚〉）

練習	參考答案
在許多人眼裡，我看來多麼像是一個囚犯，一個被病禁錮在床的犯人。 因為 所以 雖然 但是 因為	在許多人眼裡，我看來多麼像是一個囚犯，一個被病禁錮在床的犯人。 <u>因為</u>，小學六年級時我得了「類風溼關節炎」的怪病， <u>所以</u>，腿不能行，肩不能舉，手不能彎，頭也不能自由轉動，甚至，連吃一口心愛的牛肉乾的權利也被剝奪了。生活的天地僅限於六席大的斗室，屋外春去秋來，花開花謝，似乎都與我無干了。 <u>雖然</u>，二十多年來，我像一個被判無期徒刑的犯人，不知何年何月才能重見「天日」， <u>但是</u>，我活得無憂無慮，也自由自在。 <u>因為，</u>我克服了心理上失望、悲觀、頹喪、憤怒、憂慮的心靈的枷鎖。

4. 跟據〈雅量〉課文的內容，摘要作者的主張。「應用」

內容	重述
因為每個人的性格、……不同，所以每個人的……不同。每個人的看法不同…………，所以看法不同……關係，最重要的是要有……對方看法的……，這種雅量是尊重………………相同，不在乎喜歡的選擇………，能有這份雅量，朋友之間的……就可以減少。	因為每個人的性格、生活環境不同，所以每個人的看法不同。每個人看法不同很普遍，所以看法不同沒有關係，最重要的是要有尊重對方看法的雅量，這種雅量是尊重美的感受相同，不在乎喜歡的選擇不同，能有這份雅量，朋友之間的摩擦就可以減少。

5. 描述自己生活中一件經由反思而成長的經驗。「〈謝天〉寫事技巧應用」

6. 觀察生活環境，並用優美且富想像力的文字，描寫一段動人的風景。「〈我所知道的康橋〉寫景技巧應用」

7. 觀察生活環境，並用生動且富想像力的文字，對某物進行一段描寫。「〈鳥〉寫物技巧應用」

8. 敘述自己的經驗，分析事理，再說明感受或體悟。「〈凝眸注視生活〉論說技巧應用」

經驗	分析事理	感受或體悟

9. 選擇一個議題，從正、反兩面說明主張，再說明結論。「〈音樂家與職籃巨星〉議論技巧應用」

（二）總結性評量範例

　　學生經過一學期的學期，應該能學會該學期在課程地圖所規劃的學習能力與內容，因此建議在期末進行總結性評量，了解學生是否需要進行補救教學。總結性評量應著重評量大範圍的能力，所以建議選一篇已教課文，一篇未教課文，請同學閱讀後，回答下列表格的問題。這樣可以清楚顯示學生不同主題的能力表現，也可以比較學生本學期的學習成果與學習遷移能力。下表以〈雅量〉為例，但表格空欄的數量，請教師自行設計。

項目		內容		
1.作者		宋晶宜		
2.主題		談雅量的行為		
3.文類		借事說理的白話散文		
4.主脈絡		雅量		
		事	理	情
		敘述缺乏雅量的行為	主張培養尊重不同看法的雅量	感嘆如果有雅量就能減少摩擦
5.統整重點	**1.統整四人行為、原因、並判斷有無雅量。**	行為	哄堂大笑	包起衣料
		原因	尊重不同看法	衣料不是綠豆糕……
		雅量	有	無
	2.統整作者對看法不同的論述。	主題	看法不同	
		原因	性格、環境不同	
		普遍性	鞋店、布店、人，每個人的選擇不同	

項目		內容	
		結論	選擇喜歡時，要有尊重不同看法的雅量
3.統整文中使用的四種例子及作用。		三位同學	有雅量行為
		買衣料朋友	缺乏雅量行為
		鞋店、布店、人	看法不同很普遍
		看日出、聽鳥鳴	尊重不同的喜歡（看法）有雅量
6.體悟			

二、選擇題型（理解）

　　根據課程地圖的評量內容與能力，結合課文內容，編寫選擇題型試題範例，供教師參考。選擇題型建議在段考酌量使用，並藉由電腦的試題分析，了解全校同學在表層理解、主題結構、深層分析的表現。而為了解同學的學習遷移，建議酌量加入課外選文為評量題材。

表二十4

七	八	九
1. 表層理解	1. 表層理解	1. 表層理解
2. 主題結構	2. 主題結構	2. 主題結構
3. 深層分析	3. 深層分析	3. 深層分析
4. 生活應用	4. 生活應用	4. 生活應用

（一）題組題型

朋友買了一件衣料，綠色的底子帶白色方格，當她拿給我們看時，一位對圍棋十分感興趣的同學說：
「啊，好像棋盤似的。」
「我看倒有點像稿紙。」我說。
「真像一塊綠豆糕。」一位外號叫「大食客」的同學緊接著說。
我們不禁哄堂大笑，同樣的一件衣料，每個人卻有不同的感覺。那位朋友連忙把衣料用紙包好，她覺得衣料就是衣料，不是棋盤，也不是稿紙，更不是綠豆糕。

1. 根據上文，推論買衣料的朋友最可能欣賞哪一件上衣的花色？（佳宜）「表層理解」

   (A) 　　(B) 　　(C) 　　(D)

2. 「『我看倒有點像稿紙。』我說。」從這句話推論，作者的喜好最可能是什麼？（佳宜）「表層理解」
   (A) 建築　　　　(B) 閱讀　　　　(C) 寫作　　　　(D) 繪畫

3. 根據「人與人之間，應該有彼此容忍和尊重對方的看法與觀點的雅量」，推論作者認為朋友包起衣料是……。（鎮倫）「表層理解」
   (A) 富有雅量的行為　　(B) 否定對方看法　　(C) 尊重對方觀點　　(D) 欣賞對方看法

余憶童稚時，能張目對日，明察秋毫。見藐小微物，必細察其紋理，故時有物外之趣。

夏蚊成雷，私擬作群鶴舞空，心之所向，則或千或百，果然鶴也；昂首觀之，項為之強。又留蚊於素帳中，徐噴以煙，使之沖煙飛鳴，作青雲白鶴觀；果如鶴唳雲端，為之怡然稱快。

又常於土牆凹凸處、花臺小草叢雜處，蹲其身，使與臺齊；定神細視，以叢草為林，蟲蟻為獸；以土礫凸者為丘，凹者為壑；神遊其中，怡然自得。

一日，見二蟲鬥草間，觀之，興正濃，<u>忽有龐然大物，拔山倒樹而來，蓋一癩蝦蟆也</u>。舌一吐而二蟲盡為所吞。余年幼，方出神，不覺呀然驚恐。神定，捉蝦蟆，鞭數十，驅之別院。

1. 下列何者**不是**作者經常獲得物外之趣的原因？（鍍倫）「表層理解」
   (A) 細察的習慣　　　(B) 良好的視力　　　(C) 謹慎的個性　　　(D) 豐富的想像

2. 下列何者**不是**作者細察進而產生物外之趣的對象？（鍍倫）「表層理解」
   (A) 蚊子　　　(B) 叢草　　　(C) 蟲蟻　　　(D) 癩蝦蟆

3. 下列敘述，何者能依照「由淺入深」的順序，說明作者獲得物外之趣的過程？（鍍倫）「主題結構」
   (A) 神遊其中，怡然自得→昂首觀之，項為之強→定神細視
   (B) 定神細視→神遊其中，怡然自得→昂首觀之，項為之強
   (C) 昂首觀之，項為之強→定神細視→神遊其中，怡然自得
   (D) 神遊其中，怡然自得→定神細視→昂首觀之，項為之強

4. 若將全文視為「沈復的異想世界」，那麼畫線內容，應該是情節的哪個部分？「主題結構」（鍍倫）
   (A) 開始　　　(B) 發展　　　(C) 轉折　　　(D) 伏筆

5. 作者「呀然驚恐」的原因是什麼？（鍍倫）「表層理解」
   (A) 二蟲瞬間被吞食　　　(B) 龐然大物突然出現　　　(C) 樹木倒塌傷及無辜　　　(D) 癩蝦蟆模樣太醜怪

彈指又過了三、四年，王冕看書，心下也著實明白了。那日正是黃梅時候，天氣煩躁，王冕放牛倦了，在綠草地上坐著。須臾，濃雲密布，一陣大雨過了，那黑雲邊上鑲著白雲，漸漸散去，透出一派日光來，照耀得滿湖通紅。湖邊山上，青一塊，紫一塊，綠一塊；樹枝上都像水洗過一番的，尤其綠得可愛。湖裡有十來枝荷花，苞子上清水滴滴，荷葉上水珠滾來滾去。王冕看了一回，心裡想道：「古人說：『人在畫圖中』，實在不錯，可惜我這裡沒有一個畫工，把這荷花畫他幾枝，也覺有趣。」又心裡想道：「天下哪有個學不會的事？我何不自畫他幾枝？」

自此聚的錢不買書了，託人向城裡買些胭脂、鉛粉之類，學畫荷花。初時畫得不好，畫到三個月之後，那荷花精神、顏色，無一不像。只多著一張紙，就像是湖裡長的，又像才從湖裡摘下來貼在紙上的。鄉間人見畫得好，也有拿錢來買的。王冕得了錢，買些好東西去孝敬母親。一傳兩，兩傳三，諸暨一縣，都曉得他是一個畫沒骨花卉的名筆，爭著來買。到了十七、八歲，也就不在秦家了，每日畫幾筆畫，讀古人的詩文，漸漸不愁衣食，母親心裡也歡喜。

1. 為什麼王冕不再將聚的錢拿去買書了，反而託人向城裡買些胭脂、鉛粉？（鍐倫）「表層理解」
   （A）孝敬母親 　　　（B）放棄學習 　　　（C）練習繪畫 　　　（D）學做生意

2. 第一份工作的訓練，常常化成終生受用的禮物。王冕放牛的經驗無形中為自己日後成為畫沒骨花卉的名筆鋪了路，下列何者不是他從第一份工作中學習到的態度？（鍐倫）「生活應用」
   （A）要獲得主人的善待，必須勤奮認真 　　　（B）隨時留意工作環境帶給自己的啟發
   （C）只要持續努力，天下沒有學不會的事 　　　（D）20%的精力投注給工作，80%的心力專心進修

3. 「母親心裡也歡喜」句中「歡喜」的涵義，用什麼詞語替換最恰當？（鍐倫）「表層理解」
   （A）滿足 　　　（B）欣慰 　　　（C）喜歡 　　　（D）得意

4. 如果訪問王冕談他的創業之路，下列哪句話最有可能是王冕送給職場新人的話？（鍐倫）「生活應用」
   （A）不斷從工作中創造自己的新價值 　　　（B）不要對自己犯的錯找藉口，要從錯誤中去學習
   （C）我不喜歡錢，我喜歡的是賺錢 　　　（D）這個世界期望你先做出成績，再去強調自己的感受

5. 引發王冕學畫荷的契機是什麼？（鍐倫）「表層理解」
   （A）讀書所得體悟 　　　（B）秦家栽培引導 　　　（C）花卉名筆指點 　　　（D）大自然的觸發

（二）單題題型

1. 「余『憶』童稚時」，「憶」可翻譯為「回憶」。下列詞語翻譯，何者<u>不恰當</u>？「表層理解」

    （A）能「張」目對日→張望   （B）明「察」秋毫→觀察   （C）見藐小「微」物→微小   （D）「時」有物外之趣→時常

2. 讓作者看到「脖子僵硬」的實際景象是什麼？（佳宜）「表層理解」

    （A）夏季天邊的閃電   （B）空中飛翔的白鶴   （C）蚊子成群飛鳴   （D）停留在紗帳內的蚊子

3. 作者將花臺草叢想像成美好的森林樂園，這個樂園<u>不包含</u>什麼？（佳宜）「表層理解」

    （A）野生的走獸   （B）茂密的林木   （C）起伏的山谷   （D）遊玩的同伴

4. 下列文句何者<u>不是</u>客觀事實的描述？（佳宜）「深層分析」

    （A）見藐小微物，必細察其紋理   （B）又留蚊於素帳中，徐噴以煙

    （C）忽有龐然大物，拔山倒樹而來   （D）捉蝦蟆，鞭數十，驅之別院

5. 下列文句，何者隱含作者的「物外之趣」？（佳宜）「深層分析」

    （A）莫要打哪，蒼蠅在搓著牠的手，搓著牠的腳－林文月〈蒼蠅與我〉

    （B）我感覺到彩虹的無聊和多餘，我體會到春雨的沉悶和喧鬧－楊牧〈作別〉

    （C）我天天乘黃包車上醫院去打針，接連三個月，仍然不認識那條路－張愛玲〈天才夢〉

    （D）這時候最熱鬧的，要數樹上的蟬聲與水裡的蛙聲；但熱鬧是它們的，我什麼也沒有－朱自清〈荷塘月色〉

三、參考答案

1	2	3	1	2	3	4	5	1	2	3	4	5		1	2	3	4	5
(A)	(C)	(B)	(C)	(D)	(B)	(C)	(A)	(C)	(D)	(B)	(A)	(D)		(A)	(C)	(D)	(C)	(A)

　　閱讀教學HOW上手

乙編

第一課　雅量

使用前的叮嚀：

1.本書以下各篇選文所例舉的問題及參考答案，皆為建構式評量或多元評量範例，可做為課程目標結束前的多元評量練習試題。

2.應用時，應根據同學的學習狀況，安排不同的空欄格數，且不宜強求同學答案與參考答案完全相同，否則會失去幫助同學建構理解及協助教師了解同學理解過程的意義。

3.建構式評量的價值不是讓同學寫出標準答案，而是幫助老師觀察及學生自己觀察理解的建構過程。

4.教師宜仔細觀察同學的答案，診斷同學的理解狀況，以便發現問題，進行補救。所以同學呈現理解過程的答案比追求答案正確可貴。

5.同學在建構理解的過程中，可逐漸學會使用表格自我監控理解的閱讀策略。

6.在形成統整表格之前，教師可再設計更多問題，幫助同學逐漸建構表格的答案。

一、主題結構

自然段	1-2	3-6	7
意義段	一	二	三
統整重點	缺乏雅量行為	看法不同的主張	主張好處
統整主題	題目：雅量 主題內涵：喜歡時要培養尊重不同看法的雅量 主題重要性：生活重要的修養，改善人際關係 寫作目的：表達作者對生活事件的關懷		
統整表述方式	借事說理 事：沒有雅量的行為 理：喜歡時要有尊重不同看法的雅量		
統整文章脈絡	雅量		
	事	理	情
	敘述缺乏雅量行為	主張培養尊重不同看法的雅量	雅量可減少摩擦

　　統整文章脈絡，為凸顯國中課文皆為題目、主脈絡、次脈絡的三個階層，所以用三層表格呈現。但老師教學時可利用XMIND的編輯軟體編製組織圖。但編製時一定要了解國中教材的結構只可能有三層，如超過三層可能要再重新規劃。

　　此外利用XMIND編輯軟體編製文章結構，只可能是組織圖或結構圖，不是心智圖，因為心智圖強調思維的發想或擴散。

二、文類知識

（一）認識文類

1. 認識散文特質。

項目	知識
形式	不押韻
內容	說明作者自己的經驗、想法、感受

（二）理解文類

1. 說明「雅量」有關作者自己經驗、想法、感受的內容。

項目	內容
經驗	衣料事件
想法	喜歡時要有尊重不同看法的雅量 喜歡鳥鳴，喜歡日出，美的感受相同 喜歡鳥鳴，也要尊重喜歡日出，否則就容易產生摩擦

三、表層理解與深層分析

意義段一

（一）理解語詞

1. 詮釋下列語詞的涵義。

項目	用法
好像	提出看法
倒有點像	不贊成前者看法，提出新看法
真像	不理會別人看法，提出自己看法

2. 詮釋同義詞。

不同的「感覺」與「看法」同義，可用「看法」取代。

（二）理解表層訊息

內容	摘要重點
（1）朋友買了一件衣料，……「大食客」的同學緊接著說。	1. 朋友展示什麼衣料 2. 三人表達看法及原因
（2）我們不禁哄堂大笑，……更不是綠豆糕。	1. 三人哄堂大笑及原因 2. 朋友連忙包起衣料及原因

（三）統整文章要點

1. 統整事件發生的過程。

朋友展示衣料→三人說明看法→三人哄堂大笑→朋友包起衣料

2. 統整事件的相關內容。

項目	內容
朋友展示衣料	衣料：綠底白格
三人說明看法	1. 像棋盤 2. 像稿紙 3. 像綠豆糕
三人哄堂大笑	原因：同一件衣料，看法不同
朋友包起衣料	原因：衣料是衣料，不是棋盤、稿紙、綠豆糕

（四）分析寫作技巧

1. 分析「衣料事件」的寫事技巧。

項目	內容	
1. 寫事順序	拿出衣料→討論衣料→哄堂大笑→包起衣料	
2. 寫事細節	a.因果	說明哄堂大笑、包起衣料的因果關係

意義段二

（一）理解語詞

1. 詮釋同義詞。

欣賞觀點、看法、觀點同義，可用「看法」取代。	欣賞、喜歡、選購同義，可用「選擇」取代。

（二）理解句子

1. 詮釋文句涵義。

句子	涵義
很少有一匹布沒有人選購過	每匹布都有人選購
無論怎麼難看的樣子，還是有人喜歡，所以不怕賣不出去	每種式樣的鞋都有人選購
我們看某人不順眼，但是在他的男友和女友心中，往往認為他如「天仙」或「白馬王子」般地完美無缺	每種人都有人選擇

2. 說明雙重否定句與肯定句，句法的轉換。

雙重否定	肯定
很少有一匹布沒有人選購過	幾乎每匹布都有人選購
無論怎麼難看的樣子，還是有人喜歡，所以不怕賣不出去	每種式樣的鞋子都有人選購
就以「人」來說，又何嘗不是如此？	人（的選擇）也是如此

（三）理解表層訊息

內容	摘要重點
（3）人人的……環境有關。	1. 說明欣賞觀點不同的原因
（4）如果經常逛布店的話，……所以不怕賣不出去。」	1. 舉布店、鞋店的例子，說明每個人的選擇不同
（5）就以「人」來說，……地完美無缺。	1. 舉人的例子，說明每個人的選擇不同
（6）人總會去尋求……雅量。	1. 結論：要具備尊重對方不同看法的雅量

1. 說明每個人看法不同的原因？

> 每個人的性格和生活環境不同。

2. 說明看法不同時，應該要有什麼風度？

> 要有尊重對方不同看法的雅量。

（四）統整文章要點

1. 統整作者對「看法不同」的論述內容。

項目	內容
主題（論點）	當大家對我喜歡的東西看法不同時，應該抱持何種態度
看法不同的原因	因為每個人的性格、生活環境不同，所以看法不同
看法不同的例子（論例）	1. 布店：每種布料都有人選擇 2. 鞋店：每種鞋子都有人選擇 3. 人：每種人都有人選擇 證明：看法不同很普遍
看法不同的主張（結論）	因為看法不同很普遍，所以看法不同沒關係 因為看法不同沒關係，所以當我喜歡某物時，要有尊重不同看法的雅量

（五）分析寫作技巧

1. 分析「論述看法不同」的說理技巧。

項目		內容
1. 說理 技巧	a.因果	因為看法不同很普遍，所以看法不同沒關係 因為看法不同沒關係，所以要有尊重不同看法的雅量
	b.例子	衣料、鞋、人選擇不同（看法不同）

參考

因為	所以
性格與生活環境不同	每人的看法不同
每人的看法不同	每人選擇的衣料、鞋、人不同（舉例）
每人選擇的衣料、鞋、人不同	每人看法不同很普遍（作者沒有說出）
每人看法不同很普遍	看法不同沒有關係
看法不同沒有關係	喜歡時要有尊重不同看法的雅量

意義段三

（一）理解句子

1. 詮釋文句涵義。

句子	涵義
如果他能從這扇門望見日出的美景，你又何必要求他走向那扇窗去聆聽鳥鳴呢？	1. 自己喜歡鳥鳴時，要尊重別人喜歡日出

（二）理解表層訊息

內容	摘要重點
（7）如果他能……缺乏那分雅量的緣故。	1. 雅量是理解看法不同但美的感受，所以能尊重別人的看法 2. 能尊重別人的看法（雅量）就能減少摩擦

1. 日出與鳥鳴雖然選擇不同，但什麼是相同的？

美的感受相同。

2. 舉例說明尊重別人看法的行為。

> 喜歡鳥鳴時，能尊重別人喜歡日出，並認為彼此美的感受相同。

（三）統整文章要點

1. 統整本文所使用的例子，並說明他們的作用。

順序	例子	作用
1	三人行為	說明尊重不同看法的行為
2	朋友行為	說明喜歡，卻不尊重不同看法的行為（沒雅量）
3	布店、鞋店、人	說明每人看法不同很普遍
4	鳥鳴、日出	說明喜歡，卻能尊重不同看法的行為（有雅量）

（四）推論解釋深層內容

1. 作者認為美的感受相同與看法相同，哪個較重要？並舉例文中證據，支持看法。

意見	例子
美的感受相同	看法不同沒有關係 別人喜歡日出，何必要他喜歡鳥鳴 看法不同沒有關係

2. 比較文中哪個例子是有雅量的行為，哪個例子是沒有雅量的行為，並說明理由。

意見	行為	理由
有雅量	自己喜歡鳥鳴，尊重別人喜歡日出	1. 尊重別人不同看法：如果他能從這扇門望見日出的美景，你又何必要求他走向那扇窗去聆聽鳥鳴呢？ 2. 尊重美的感受相同：你聽你的鳥鳴，他看他的日出，彼此都會有等量的美的感受
沒有雅量	自己喜歡綠底白格衣料，卻不尊重別人認為衣料像棋盤、稿紙、綠豆糕的看法	1. 行為：連忙把衣料包起來 2. 想法：認為衣料就是衣料不是棋盤、稿紙、綠豆糕

四、應用練習

1. 利用下列句型，表達某種雅量的態度。

句型	如果……，又何必……，你……，他……，彼此……。
造句	

2. 根據課文內容，重述作者的主張。

因為每個人的性格、……不同，所以每個人的……不同。每個人的看法不同……，所以看法不同……關係，最重要的是要有……對方看法的……，這種雅量是尊重……相同，不在乎喜歡的選擇……，能有這份雅量，朋友之間的……就可以減少。

因為每個人的性格、生活環境不同，所以每個人的看法不同。每個人看法不同很普遍，所以看法不同沒有關係，最重要的是要有尊重對方看法的雅量，這種雅量是尊重美的感受相同，不在乎喜歡的選擇不同，能有這種雅量，朋友之間的摩擦就可以減少。

3. 摘要整理「雅量」的重點。（此題型適合學期結束前進行的總結性評量。且每一課皆可根據前述重點歸納成此表，所以老師在其他課，皆可舉一反三靈活應用。）

項目	內容		
1. 作者	宋晶宜		
2. 主題	談雅量的行為		
3. 文類	借事說理的白話散文		
4. 主脈絡	雅量負面行為->雅量行為->雅量行為重要性		
5. 統整重點	1. 統整四人行為、原因、並判斷有、無雅量		
	行為	原因	雅量
	哄堂大笑	尊重不同看法	有
	包起衣料	衣料不是綠豆糕……	無
	2. 統整作者對看法不同的論述。		
	主題	看法不同	
	原因	性格、環境不同	
	普遍性	鞋店、布店、人，每個人的選擇不同	
	結論	選擇喜歡時，要有尊重不同看法的雅量	

項目	內容	
	3. 統整文中使用的四種例子及作用。	
	三位同學	雅量的行為
	買衣料朋友	缺乏雅量的行為
	鞋店布店人	看法不同很普遍
	看日出聽鳥鳴	尊重不同喜歡的雅量行為
6. 體悟		

4. 敘述生活中自己或別人缺乏雅量的行為，並反思如何改善。

行為	改善

5. 先練習將1.2段合併，再根據前後文或（）提示，為「」填上恰當的語詞。

> 「　」朋友買了一件衣料，　　　我們不禁哄堂大笑，同樣的一件衣料，每個人卻有不同的感覺「　」。那位朋友（表示不是我的朋友）連忙把衣料用紙包好，她「　」（別人的想法只能用揣測語氣）覺得衣料就是衣料，不是棋盤，也不是稿紙，更不是綠豆糕。

> 「同學的」朋友（不是我的朋友）買了一件衣料，......每個人卻有不同的「看法」（看法較好）。那位朋友連忙把衣料用紙包好，她「似乎」覺得衣料就是衣料，不是棋盤，也不是稿紙，更不是綠豆糕。（1.2段合併讓敘述更完整）

6. 練習先將1.2段合併，再根據提示，修改畫線處的句子。

> 人人的欣賞觀點不盡相同，那是和個人的性格與生活環境有關。
>
> （所以）如果經常逛布店的話，便會發現很少有（與換句話說的內容不吻合）一匹布沒有人選購過；換句話說，任何質地或花色的衣料，都有人欣賞它。一位鞋店的老闆曾指著櫥窗裡一雙式樣毫不漂亮的鞋子說：「無論怎麼難看的樣子，還是有人喜歡（不使用主觀情緒的語詞），所以不怕賣不出去」。
>
> 「因為」人總會去尋求自己喜歡的事物，「所以」　　　。（總結上文例子的作用）每個人的看法或觀點不同，並沒有什麼關係，重要的是——人與人之間，應該有彼此容忍和尊重對方的看法與觀點的雅量（修改冗贅）。

> 人人的看法（依上文修改）不盡相同，那是和個人的性格與生活環境有關。所以（連接上下文）如果經常逛布店的話，便會發現（沒有）一匹布沒有人選購過；換句話說，任何質地或花色的衣料，都有人欣賞它。一位鞋店的老闆曾指著櫥窗裡的鞋子說：「無論什麼樣子，都有人喜歡，所以不怕賣不出去」。
>
> 因為每個人都會選擇自己喜歡的事物，所以別人的看法與自己不同，極為普遍。彼此看法不同，沒有關係，重要的是要培養尊重對方不同看法的雅量。

五、學習成果評量

（一）建構式題型

　　此類型試題，皆可選擇上文的範例靈活應用，教師了解使用方法後，下文皆不再提供建構題型試題，以免累贅。

1. 詮釋下列句子的涵義。（理解表層）

句子	涵義
如果他能從這扇門望見日出的美景，你又何必要求他走向那扇窗去聆聽鳥鳴呢？	別人選擇喜歡時，要尊重他的不的看法 自己喜歡鳥鳴時，要尊重別人喜歡日出

2. 統整「衣料事件」的過程及內容。（統整要點）

事件過程	內容（事件細節）	
1. 朋友展示衣料		
2. 三人說明看法	人	看法
	喜歡圍棋	
	喜歡寫作	像稿紙
	大食客	
3. 三人哄堂大笑	原因：同一件衣料，看法不同	
4. 朋友包起衣料	原因：衣料是衣料，不是棋盤、稿紙、綠豆糕	

3. 統整「論述看法不同」的相關內容。（統整要點）

項目	內容
主題 （論點）	當大家對我喜歡的東西看法不同時，應該抱持何種態度
看法不同的原因	因為每個人的性格、生活環境不同，所以看法不同
看法不同的例子 （論例）	1. 布店：每種布料都有人選擇 2. 鞋店：每種鞋子都有人選擇 3. 人：每種人都有人選擇 證明：看法不同很普遍
看法不同的主張 （結論）	因為看法不同很普遍，所以看法不同沒關係 因為看法不同沒關係，所以當我喜歡某物時，要有尊重不同看法的雅量

4. 作者認為美的感受相同與看法相同，哪個較重要？並舉例證據支持看法。？（推論解釋深層內容）

看法	證據
重要 美的感受相同 看法相同	根據看法不同沒有關係 別人喜歡日出，何必要他喜歡鳥鳴 可以證明

5. 敘述生活中自己或別人缺乏雅量的行為，並反思如何改善。（應用練習）

行為	改善

（二）選擇式題型

甲、閱讀下文，回答1-3題

> 朋友買了一件衣料，綠色的底子帶白色方格，當她拿給我們看時，一位對圍棋十分感興趣的同學說：
> 「啊，好像棋盤似的。」
> 「我看倒有點像稿紙。」我說。
> 「真像一塊塊綠豆糕。」一位外號叫「大食客」的同學緊接著說。
> 我們不禁哄堂大笑，同樣的一件衣料，每個人卻有不同的感覺。那位朋友連忙把衣料用紙包好，她覺得衣料就是衣料，不是棋盤，也不是稿紙，更不是綠豆糕。

1. 根據上文，推論買衣料的朋友最可能欣賞哪一件上衣的花色？
   （佳宜）「表層理解」

(A) 　　　(B) 　　　(C) 　　　(D)

2. 「『我看倒有點像稿紙。』我說。」從這句話推論，作者的喜好最可能是什麼？（佳宜）「表層理解」
（A）建築　　（B）閱讀　　（C）寫作　　（D）繪畫

3. 根據「人與人之間，應該有彼此容忍和尊重對方的看法與觀點的雅量」，推論作者認為朋友包起衣料是……。（鍰倫）「表層理解」
（A）富有雅量的行為　　　　（B）否定對方看法
（C）尊重對方觀點　　　　　（D）欣賞對方看法

乙、閱讀下文，回答1-3題

人人的欣賞觀點不盡相同，那是和個人的性格與生活環境有關。

如果經常逛布店的話，便會發現很少有一匹布沒有人選購過；換句話說，任何質地或花色的衣料，都有人欣賞它。一位鞋店的老闆曾指著櫥窗裡一雙式樣毫不漂亮的鞋子說：「無論怎麼難看的樣子，還是有人喜歡，所以不怕賣不出去。」

就以「人」來說，又何嘗不是如此？也許我們看某人不順眼，但是在他的男友和女友心中，往往認為他如「天仙」或「白馬王子」般地完美無缺。

人總會去尋求自己喜歡的事物，每個人的看法或觀點不同，並沒有什麼關係，重要的是——人與人之間，應該有彼此容忍和尊重對方的看法與觀點的雅量。

1. 「每個人的看法或觀點不同，並沒有什麼關係」一句，「沒有關係」是因為……。？（佳宜）「深層分析」
（A）例子已證明看法不同很普遍
（B）人人都缺乏尊重他人的雅量
（C）每個人能感受到的美，程度不同
（D）人與人之間難免發生摩擦

2. 下列何者最能表現「尊重對方看法」的精神？（佳宜）「表層理解」
（A）我們看別人的男、女朋友往往覺得不順眼
（B）她覺得衣料就是衣料，不是棋盤，也不是稿紙，更不是綠豆糕
（C）無論怎麼難看的樣子，還是有人喜歡，所以不怕賣不出去
（D）如果他能從這扇門望見日出的美景，你又何必要求他走向那扇窗去聆聽鳥鳴呢？

3. 下列有關「欣賞觀點」的說明，何者不正確？（鍰倫）「表層理解」
（A）欣賞觀點深受個人性格、生活環境的影響
（B）每種衣料都有人喜歡，可見每個人的欣賞觀點不同
（C）因為白馬王子很少，所以要尊重對方的欣賞觀點
（D）能尊重對方的欣賞觀點，就能減少人與人之間的摩擦

參考答案

1	2	3	1	2	3				
(A)	(C)	(B)	(A)	(D)	(C)				

第二課　兒時記趣

一、主題結構

自然段	1	2-4	4
統整意義段	一	二	三
統整重點	物外之趣	物外之趣例子－蚊子、叢草處	插曲
統整主題	題目：兒時記趣 主題：兒時的物外之趣 主題重要性：創造生活的美好時光 寫作目的：回憶過去的美好時光（事的關懷）		
統整表述方式	借事抒情 事：觀賞蚊子及叢草處的過程及趣味 情：觀賞時的沈醉之情		
統整文章脈絡	兒時記趣		
	物外之趣	例子	插曲
	條件	蚊子叢草處	癩蝦蟆吃蟲

二、文類知識

（一）認識文類

1. 認識文言散文特質。

項目	知識
文言形式	虛字、單詞、句式、省略
散文內容	說明作者自己的經驗、想法、感受

（二）理解文類

1. 閱讀下文，舉例虛字、單詞、句式、省略的例子，證明它是文言散文。

> 一日，見二蟲鬥草間，觀之，興正濃，忽有龐然大物，拔山倒樹而來，蓋一癩蝦蟆也。舌一吐而二蟲盡為所吞。余年幼，方出神，不覺呀然驚恐。神定，捉蝦蟆，鞭數十，驅之別院。

項目	內容
虛字	觀「之」，興正濃
單詞	「見」二蟲「鬥」草間
省略	二蟲鬥草間（有二隻小蟲在草叢間相鬥）
句式	二蟲盡為所吞（被動）

三、表層理解與深層分析

意義段一

（一）理解語詞

1. 詮釋「物外之趣」的涵義。

> 欣賞小東西在概念認知之外的樂趣。

（二）理解句子

1. 詮釋「能張目對日，明察秋毫」的涵義。

> 能就著光，睜大眼睛，觀察各種東西。

（三）理解表層訊息

內容	摘要重點
（1）余憶童稚時，......，故時有物外之趣。	1. 喜歡在日光下觀察萬物 2. 細察微物，產生物外之趣

1. 說明獲得物外之趣的條件。

因為	所以
喜歡在日光下細察微物、邊看邊想像	獲得物外之趣

意義段二

（一）理解句子

1. 詮釋「夏蚊成雷，私擬作群鶴舞空，心之所向，則或千或百，果然鶴也；昂首觀之，項為之強」的涵義。

原文	翻譯
夏蚊成雷	夏天成群的蚊子嗡嗡作響
私擬作	想像成
群鶴舞空	許多鶴在天空飛舞
心之所向	看著、想著
則或千或百	這群蚊子
果然鶴也	果真像鶴在空中飛舞
昂首觀之	抬頭觀賞這些景象
項為之強	脖子都僵硬了

2. 詮釋「又留蚊於素帳中，徐噴以煙，使之沖煙飛鳴，作青雲白鶴觀；果如鶴唳雲端，為之怡然稱快。」的涵義。

原文	翻譯
留蚊於素帳中，徐噴以煙，使之沖煙飛鳴	把蚊子留在蚊帳中，對著它們緩緩噴煙，讓它們嗡嗡的衝出煙霧
作	想像成
青雲白鶴觀	白鶴在青天白雲間飛翔
果如鶴唳雲端	果真看到白鶴在雲間高鳴
為之怡然稱快	我快樂的享受這些景象

3. 詮釋「以叢草為林，蟲蟻為獸；以土礫凸者為丘，凹者為壑」的涵義

原文	翻譯
以叢草為林，蟲蟻為獸；以土礫凸者為丘，凹者為壑。	把草叢想像成樹林，把蟲蟻想像成動物，把土堆想像成山丘，把土坑想像成山谷

（二）理解表層訊息

內容	摘要重點
（2）夏蚊成雷，......項為之強。 （3）又留蚊於素帳中，......，為之怡然稱快。 （4）又常於土牆凹凸處、......，怡然自得。	1. 把蚊子飛，想像成白鶴飛的趣味 2. 把蚊子在煙中飛鳴，想像成白鶴飛鳴的趣味 3. 觀察小草叢雜處的想像趣味

（三）統整文章要點

4. 統整「物外之趣」的對象及過程。

對象/過程	蚊子	蚊子	蟲蟻
環境	一般空間	素帳中	小草叢雜
觀察	蚊子飛鳴	蚊子沖煙飛鳴	蟲蟻活動
想像	群鶴舞空	青雲白鶴	林、獸、丘、壑
結果	像群鶴舞空	像鶴唳雲端	像林、獸、丘、壑
神遊	神遊其中	神遊其中	神遊其中
感受	項為之強	怡然稱快	怡然自得

（四）分析寫作技巧

1. 分析「觀蚊之趣」寫事與抒情的技巧。

項目		內容
1. 寫事順序		環境→觀察→想像→結果→神遊→感受
2. 寫事技巧	a.虛實	虛：私擬作群鶴舞空，果然鶴，作青雲白鶴觀，果如鶴唳雲端 實：夏蚊成雷，又留蚊於素帳中，徐噴以煙，使之沖煙飛鳴
3. 抒情技巧	a.虛實	虛：怡然稱快 實：昂首觀之，項為之強

2. 分析「觀叢草之趣」的寫事技巧。

項目		內容
1. 寫事順序		環境→動作→觀察→想像→感受
2. 寫事技巧	a.虛實	虛：以叢草為林，蟲蟻為獸；以土礫凸者為丘，凹者為壑 實：土牆凹凸處、花臺小草叢雜處蹲其身，使與臺齊；定神細視
	b.對偶	以叢草為林，蟲蟻為獸；以土礫凸者為丘，凹者為壑

意義段三

（一）理解詞語

1. 詮釋「之」的涵義。

內容	物外之趣	昂首觀之	使之沖煙飛鳴	驅之別院
	心之所向	項為之強		
		為之怡然稱快		
		觀之		
涵義	無義	此、這個景象	蚊子	往

（二）理解句子

1. 詮釋「余年幼，方出神，不覺呀然驚恐。神定，捉蝦蟆，鞭數十，驅之別院。」的涵義。

原文	翻譯
余年幼	當時我年紀還小
方出神	正專心的看二蟲彼此爭鬥
不覺呀然驚恐	突然間被蝦蟆吞蟲的畫面嚇著了
神定	等回過神來
捉蝦蟆	立刻捉住蝦蟆
鞭數十	狠狠的打它一頓
驅之別院	才把它趕走

（三）理解表層訊息

內容	摘要重點
（5）一日，……二蟲盡為所吞。 余年幼，……驅之別院。	1. 我看二蟲相鬥 2. 我聽巨大聲音 3. 我看癩蝦蟆吃蟲 4. 我受到驚嚇 5. 我捉、鞭、驅蝦蟆

（四）統整文章要點

1. 統整「驅趕蝦蟆」的原因、過程及感受。

原因	蝦蟆吞二蟲
蝦蟆吞二蟲	捉住蝦蟆→鞭打蝦蟆→驅趕蝦蟆
感受	驚恐→憤怒

（五）分析寫作技巧

1. 分析「癩蝦蟆入侵」的寫事技巧。

項目	內容	
1. 寫事順序	環境→觀察→想像→結果→神遊→感受 觀蟲→聽音→見蛤蟆→蛤蟆吞蟲→驚嚇→神定→捉蛤蟆→鞭蛤蟆→驅蛤蟆	
2. 寫事技巧	a.示現	先聽後看：忽有龐然大物，拔山倒樹而來，蓋一癩蝦蟆也 先驚後反應：舌一吐而二蟲盡為所吞。余年幼，方出神，不覺呀然驚恐。神定，捉蝦蟆，鞭數十，驅之別院

> 作者當時正專心觀看兩蟲相鬥，所以先聽到拔山倒樹的聲
> 音，接著猜想可能是隻龐然大物，接著再轉頭去看，才證實
> 是癩蝦蟆。所以原句的寫法，保留當時先聽音猜想，接著移
> 開視線才看見癩蝦蟆的過程。

> 詳細說明當時因年幼而出神，因出神而驚恐的心理狀態，利
> 用「余年幼，方出神，不覺」的插入，告訴讀者它年幼時的
> 驚恐，及驚恐感至今仍印象深刻，使讀者更能體會他當時的
> 感受。

四、批判評論

（一）表達意見

1. 你認為鞭蝦蟆是殘忍的行為嗎？並進一步說明理由。

意見	理由
殘忍 不殘忍	

五、應用練習

1. 應用下列句型，練習寫一段觀察某物產生想像的趣味。

觀察	想像	感受

2. 還原文中省略的主詞。

> 一日，（余）見二蟲鬥草間，（余）觀之，興正濃，忽
> 有龐然大物，拔山倒樹而來，蓋一癩蝦蟆也。（癩蝦蟆）
> 舌一吐而二蟲盡為所吞。余年幼，方出神，不覺呀然驚恐。
> （余）神定，捉蝦蟆，（余）鞭（蝦蟆）數十，
> （余）驅（蝦蟆）之別院。

3. 利用下列句型，練習用文言文說明自己的經驗。

> 一日，見……觀之，興正濃。忽有……，蓋……。

六、翻譯參考

內容	翻譯
（1）余憶童稚時，能張目對日，明察秋毫。見藐小微物，必細察其紋理，故時有物外之趣。	我回想童年時，眼力極好，在陽光下能把東西看的很清楚。看到微小的昆蟲，更是仔細觀察，所以常能享受許多想像的樂趣。
（2）夏蚊成雷，私擬作群鶴舞空，心之所向，則或千或百，果然鶴也；昂首觀之，項為之強。	例如夏天許多蚊子在空中嗡嗡鳴叫，我仔細看著它們，把它們想像成是在空中飛舞的白鶴，看著想著，漸漸的全都變成了白鶴。專心的看著這些白鶴，看到脖子都僵硬了。
（3）又留蚊於素帳中，徐噴以煙，使之沖煙飛鳴，作青雲白鶴觀；果如鶴唳雲端，為之怡然稱快。	又把蚊子留在素白的帳子裡，拿煙慢慢的燻它們，讓它們飛行在煙霧中，邊飛邊發出嗡嗡的聲音，並把這情形想像成白鶴在青天白雲下飛翔，看著想著，果真像是白鶴在雲間長鳴，我愉快的享受這種神遊的景象。

內容	翻譯
（4）又常於土牆凹凸處、花臺小草叢雜處，蹲其身，使與臺齊；定神細視，以叢草為林，蟲蟻為獸；以土礫凸者為丘，凹者為壑；神遊其中，怡然自得。	也常常選一個土牆堆，或花臺邊小草叢生的地方，蹲下來，讓身體與花臺的高度相當，慢慢仔細的觀察，把叢生的小草想像成濃密的樹林，把草間的螞蟻小蟲想像成各種動物，把凸起來的土粒想像成是小丘，凹下去的土洞想像成深谷，愉快的享受神遊其中的樂趣。
（5）一日，見二蟲鬥草間，觀之，興正濃，忽有龐然大物，拔山倒樹而來，蓋一癩蝦蟆也。舌一吐而二蟲盡為所吞。余年幼，方出神，不覺呀然驚恐。神定，捉蝦蟆，鞭數十，驅之別院。	某天，看見兩隻小蟲在草叢間相鬥，看的正高興時，忽然聽見有龐大的動物，發出翻山倒樹的聲音，回頭一看，原來是一隻大蝦蟆。蝦蟆吐出大舌頭，把兩隻蟲全吞下去了。當時我年紀還小，正入神的觀看兩蟲相鬥，轉眼間兩隻小蟲被癩蝦蟆吃掉的情景，讓我飽受驚嚇（小孩對微物生命的重視可以照見大人的輕忽），等到我回神過來，立刻捉住蝦蟆，處罰他一頓（為微物伸張正義討回公道），將它驅趕到別處。

七、學習成果評量

1. 「余『憶』童稚時」，「憶」白話文會寫成「回憶」。下列語詞如改成白話文，何者說明<u>不恰當</u>？（鍰倫）「表層理解」
   (A) 能「張」目對日→張望　　(B) 明「察」秋毫→觀察
   (C) 見藐小「微」物→微小　　(D) 「時」有物外之趣→時常

2. 作者專注觀看某個景象，以至於「脖子都僵硬了」。下列選項，何者是作者專注觀察的實際對象？（佳宜）「表層理解」
   (A) 夏季天邊的閃電　　　　(B) 空中飛翔的白鶴
   (C) 蚊子成群飛鳴　　　　　(D) 停留在紗帳內的蚊子

3. 作者將「花臺草叢」想像成一座美好的森林樂園，這座樂園<u>不包含</u>下列哪項內容？（佳宜）「表層理解」
   (A) 野生的走獸　　　　　　(B) 茂密的林木
   (C) 起伏的山谷　　　　　　(D) 遊玩的同伴

4. 下列選項的文句，何者<u>不是</u>「客觀事實」的描述？（佳宜）「深層分析」
   (A) 見藐小微物，必細察其紋理
   (B) 又留蚊於素帳中，徐噴以煙
   (C) 忽有龐然大物，拔山倒樹而來
   (D) 捉蝦蟆，鞭數十，驅之別院

5. 下列選項的文句，何者隱含作者的「物外之趣」？（佳宜）「深層分析」
   (A) 莫要打哪，蒼蠅在搓著牠的手，搓著牠的腳
   (B) 我感覺到彩虹的無聊和多餘，我體會到春雨的沉悶和喧鬧
   (C) 我天天乘黃包車上醫院去打針，接連三個月，仍然不認識那條路
   (D) 這時候最熱鬧的，要數樹上的蟬聲與水裡的蛙聲；但熱鬧是它們的，我什麼也沒有
   出處（A）林文月〈蒼蠅與我〉（B）楊牧〈作別〉（C）張愛玲〈天才夢〉（D）朱自清〈荷塘月色〉

6. 下列選項的說明，何者<u>不是</u>作者能獲得「物外之趣」的原因？（鍰倫）「表層理解」
   (A) 謹慎仔細的觀察　　　　(B) 良好的視力
   (C) 不拘小節的個性　　　　(D) 豐富的想像

7. 作者因細察微物，進而產生物外之趣。下列選項，何者<u>不是</u>「作者因細察而產生物外之趣」的對象？（鍰倫）「表層理解」
   (A) 蚊子　　(B) 叢草　　(C) 蟲蟻　　(D) 癩蝦蟆

8. 下列敘述，何者能依照「由淺入深」的順序，說明作者獲得物外之趣的過程？（鍰倫）「主題結構」
   (A) 神遊其中→項為之強→定神細視
   (B) 定神細視→神遊其中→項為之強
   (C) 定神細視→項為之強→神遊其中
   (D) 神遊其中→定神細視→項為之強

9. 閱讀下文，判斷（）的結構分析，何者正確？（鍰倫）「主題結構」

> 一日，見二蟲鬥草間（發展），觀之，興正濃（伏筆），忽有龐然大物，拔山倒樹而來，蓋一癩蝦蟆也。舌一吐而二蟲盡為所吞（轉折）余年幼，方出神，不覺呀然驚恐。神定，捉蝦蟆，鞭數十，驅之別院（高潮）。

(A) 發展　　(B) 伏筆　　(C) 轉折　　(D) 高潮

10. 文章第4段，作者「呀然驚恐」的原因是什麼？（鍰倫）「表層理解」
(A) 山崩樹倒釀成災難　　(B) 癩蝦蟆是巨形怪物
(C) 作者未曾見過癩蝦蟆　　(D) 作者觀察的小蟲突然消失

參考答案

1	2	3	4	5	6	7	8	9	10
(A)	(C)	(D)	(C)	(A)	(C)	(D)	(B)	(C)	(D)

第三課　紙船印象

一、主題結構

自然段	1-2	3	4	5
意義段	一	二	三	四
統整重點	美好難忘印象與紙船	紙船遊戲	紙船寓藏麗感情	傳承紙船感情
統整主題	題目：紙船印象 主題內涵：紙船寓藏的美麗感情與傳承 主題重要性：感受別人為自己做事的心意 寫作目的：表達作者對親人感情的體悟與傳承 （對人的關懷）			
統整表述方式	借事抒情 事：人生的美好印象與紙船的關係、紙船遊戲 情：紙船寓藏的美麗感情、傳承美麗感情			
統整文章脈絡	紙船印象			
	美好難忘印象	紙船印象	紙船寓藏美麗感情	傳承紙船感情
	人生印象 美好印象	條件 外型 過程 感受	涵義 原 因結果 目的	因為 所以

二、文類知識

（一）認識文類

1. 認識鄉土散文特質。

項目	知識
形式	不押韻
內容	說明作者自己的經驗、想法、感受
特質	具有鄉土題材

（二）理解文類

1. 說明「紙船印象」有關鄉土材料的內容。

內容	特質
那時，我們住的是<u>低矮簡陋的農舍，簷下無排水溝，庭院未鋪柏油，一下雨，便泥濘不堪</u>。屋頂上的雨水滴落下來，卻理直氣壯的在簷下匯成一道水流。 也許那雨一下就是十天半月，<u>農作物都有被淋壞、被淹死的可能，母親（們）心裡正掛記這些事，煩亂憂愁不堪。</u>	1. 台灣早期農村居住的境況 2. 台灣農村人民的生活心聲

2. 說明「紙船印象」有關作者經驗、感受的內容。

項目	內容
經驗	紙船遊戲
感受	人生印象、美麗感情、傳承感情

三、表層理解與深層分析

意義段一

（一）理解詞語

1. 詮釋「過眼雲煙」與「倏忽即逝」的差異。

具體意象	抽象涵義
過眼雲煙	倏忽即逝

（二）理解句子

1. 詮釋「在童年的無三尺浪的簷下水道航行」的涵義。

（紙船）在童年安全的簷下水道航行。

2. 舉例與「似無所見，又非視而不見」涵義相同的句子。

不去想，什麼都沒有，一旦思想起，便歷歷如繪。

（三）理解表層訊息

內容	摘要重點
（1）每個人的一生……，便歷歷如繪。	1. 人生的遭遇有四類印象 2. 春花、秋草類屬於美好難忘的印象 3. 童年細碎事屬於美好難忘印象
（2）紙船是其中之一。……讓人眷戀。	4. 紙船是童年細碎事之一 5. 因為讓雨天時光亮麗充實，所以有美好難忘的印象

1. 分類生活印象哪些是美好又難忘。

項目	生活印象	難忘	美好
1.	過眼雲煙		
2.	熱鐵烙膚	＊	
3.	飛鳥掠過天邊		
4.	夏日小河、冬天落葉、春花、秋草	＊	＊

2. 說明紙船為什麼是美好、難忘的印象？

> 因為它使我幼時的雨天時光，特別顯得亮麗充實，讓人眷戀。

（四）統整文章要點

1. 統整生活印象的描述中，具體意象、抽象涵義的分類及觀察角度。

項目	具體意象	觀察角度	抽象涵義
1.	過眼雲煙	遠觀	倏忽即逝
2.	熱鐵烙膚	切身感受	記憶長存
3.	飛鳥掠過天邊	遠觀	漸去漸遠
4.	夏日小河、冬天落葉、春花、秋草	近看	似無所見又非視而不見

2. 組織下列事物由大到小的順序。

生活印象	美好難忘印象	童年印象	紙船印象

（五）分析寫作技巧

1. 分析「人生印象」一段的寫事技巧。

項目		內容
1. 寫事順序		人生印象→人生美好印象→童年印象→紙船印象
2. 寫事細節		人生印象（四種、虛實）
3. 寫事技巧	a.象徵	「在童年的無三尺浪的簷下水道航行」－象徵童年安全無憂的生活
	b.排比	有些是過眼雲煙，倏忽即逝；有些是熱鐵烙膚，記憶長存 有些像是飛鳥掠過天邊，漸去漸遠
	c.對偶	卻像夏日的小河、冬天的落葉 像春花，也像秋草
	d.虛實	虛：倏忽即逝、記憶長存 實：過眼雲煙、熱鐵烙膚

意義段二

（一）理解語詞

1. 詮釋詞義，並嘗試想像成一段動態情節。

1. 列隊而出：開始時，所有的紙船排成一列準備出發
2. 千里單騎：速度較快的船，把其他船遠遠拋在後頭
3. 比肩齊步：有時兩艘船速度相近，就會並排前進。
4. 互相追逐：有時兩艘船速度忽快忽慢，就會形成互相追逐的有趣畫面
5. 首尾相連：忽然遇到水流變慢或水道變小，所有的船就依照先後順序，連成一線

2. 詮釋「雨水滴落下來，卻理直氣壯的在簷下匯成一道水流」中，「理直氣壯」的涵義。

自然的，借擬人化的修辭，讓「自然形成」的語意更富有表現力。

（二）理解句子

1. 詮釋「我們在水道上放紙船遊戲」的涵義。

我們在水道上，玩「放紙船」的遊戲。

（三）理解表層訊息

內容	摘要重點
（3）那時，我們住的是低矮簡陋的農舍，……是真正的快樂。	1. 農舍下雨的情形 2. 水流形成原因及狀態 3. 紙船遊戲地點 4. 紙船外型 5. 紙船遊戲過程 6. 紙船遊戲的感受

1. 詮釋「形形色色，蔚為壯觀」中，「形形色色」是指什麼？

紙船的各種外型及下水航行的景象。

（四）統整文章要點

1. 組織「紙船遊戲」的敘述順序。

遊戲條件→紙船外型→紙船遊戲過程→感受

2. 統整「紙船遊戲」的內容。

項目	紙船造型	項目	紙船遊戲過程
漂亮	1. 氣派儼然（整體感覺）	開始	列隊而出
有缺點	1. 花色斑雜者（色彩） 2. 形態怪異（形狀） 3. 下水即遭沉沒（功能）	過程	1. 千里單騎 2. 比肩齊步 3. 互相追逐
		水流變慢	首尾相連

（五）分析寫作技巧

1. 分析「紙船遊戲」的寫事技巧。

項目	內容	
寫事順序	下雨→水流→水道（條件）→紙船外型→紙船遊戲→感受	
寫事細節	水道:四種描述 紙船外型:四種描述 紙船遊戲:五種描述	
寫事技巧	a.排比	花色斑雜者，形態怪異者，氣派儼然者或列隊而出，或千里單騎，或比肩齊步，或互相追逐
	b.重複	花色斑雜者，形態怪異者，氣派儼然者，甫經下水即遭沉沒者。（前短後長） 或列隊而出，或千里單騎，或比肩齊步，或互相追逐，或者乾脆是曹操的戰艦（前短後長）
	c.呼應	最後以感受作結，呼應第二自然段結束處的讓人眷戀

意義段三

（一）理解表層訊息

內容	摘要重點
（4）這些紙船都是有感情的，……好讓孩子高興。	1. 紙船寓藏母親們的美麗感情 2. 美麗感情的內容 3. 稱它為美麗感情的原因 4. 用美麗感情摺紙船的結果 5. 用美麗感情摺紙船的目的

（二）統整文章要點

1. 統整「紙船寓藏美麗感情」的內容。

項目	內容
涵義	讓孩子在雨天裡也有笑聲
原因	母親（們）心裡正掛記這些事，煩亂憂愁不堪，但她仍然平靜和氣的為孩子摺船
結果	摺成比別的孩子所擁有的還要漂亮的紙船
目的	好讓孩子高興

（三）分析寫作技巧

1. 分析「美麗感情」段的抒情技巧。

項目	內容	
1. 抒情技巧	a.對比	以雖然……但是的形式，用對比表達母親的美麗感情

參考

雖然	但是	目的
雙手粗糙不堪、結著厚繭	用巧思摺漂亮的紙船	讓孩子在雨天也有笑聲
內心煩亂憂愁	平靜和氣摺漂亮的紙船	讓孩子在雨天也有笑聲

意義段四

（一）理解表層訊息

內容	摘要重點
（5）童年舊事，……便不致愧對紙船了。	1. 紙船遊戲的回憶，鮮明生動 2. 超過三十歲後，不能再請母親摺紙船 3. 期待傳承紙船的感情，讓孩子有快樂安全的童年

2. 舉例「童年舊事歷歷在目」與上文哪句話有關係。

> 童年許多細碎的事，一旦思想起，便歷歷如繪。

（二）統整文章要點

1. 統整作者對「紙船遊戲」的感受。

項目	內容
感受	童年舊事，歷歷在目
心情	不能要求母親摺紙船
期待	以母親的心情，為子女摺出一艘艘未必漂亮但卻堅強的、禁得住風雨的船

2. 統整母親表達美麗感情的形式、成果與作者的傳承。

形式	成果	傳承
粗糙的雙手勤奮工作	提供無三尺浪的簷下水道	堅強未必漂亮的船
平心和氣用巧思摺船	摺出漂亮的紙船	讓孩子雨天有笑聲

（三）推論解釋深層內容

1. 推論童年舊事的內容及歷歷如繪的寓意。

項目	內容/原因
童年舊事	紙船遊戲
歷歷如繪	因為 1. 有漂亮的紙船，能快樂玩放紙船的遊戲 2. 有無三尺浪的簷下水道，能無憂的玩放紙船遊戲 所以 1. 讓下雨特別亮麗充實，讓人眷戀

2. 你認為「為子女摺出一艘艘未必漂亮但卻堅強的、禁得住風雨的船」的船，是指紙船，還是提供童年無三尺浪的環境？並舉例文中證據，支持看法。

看法	證據
1. 摺紙船 2. 童年無三尺浪的環境	1. 使用堅強而不是堅固 2. 強調禁得住風雨 3. 強調船而不是紙船 4. 強調未必漂亮（紙船是漂亮的）

3. 推論「能以母親的心情，為子女摺出一艘艘未必漂亮但卻堅強的、禁得住風雨的船」的寓意。

> 能取法母親以粗糙的雙手、希望子女雨天有笑聲的感情，為子女營造一個雖不華麗但安全穩固的家，讓他們在其中享受童年的快樂。

（四）分析寫作技巧

1. 分析「傳承感情」段的抒情技巧。

項目	內容	
1. 抒情技巧	a.象徵	「未必漂亮但卻堅強的、禁得住風雨的船」 象徵為子女營造一個雖不華麗但安全穩固的家，讓他們在其中享受童年的快樂

四、批判評論

（一）表達意見說明理由

1. 你曾經體會過別人為你做事時，寓藏的美麗感情嗎？請說明事件、寓藏的美麗感情及你認為它寓藏美麗感情的理由。

事件	美麗感情	理由

五、應用練習

1. 利用下列句型，描寫一段對生活經驗的概括，並能顯示其中的重點。

（學校生活）	有些是	有些是	有些像	而有一些事卻像（重點多寫）
具體				
抽象				

2. 利用下列句型，描寫一種美麗感情（或實現美好的理想）。

也許（客觀環境）	雖然（人物條件偏限）	但是（人物努力）	努力成果	目的

3. 母親哪些行為，留給你美好的回憶，豐富你的生活？進一步比較自己母親與作者母親做法的異同及傳承行為的異同，並完成下列表格。

項目	作者	自己
母親作法		
傳承行為		

4. 母親哪些行為，帶給你不好的回憶，讓心靈留下陰影？你現在可以做什麼，讓這個陰影縮小或變成一個幫助你成長的可貴經驗。

母親行為	我現在可以做什麼

5. 練習為下列（）填上恰當的標點符號。

> 每個人的一生都會遭遇許多事（　）有些是過眼雲煙，倏忽即逝（　）有些是熱鐵烙膚（　）記憶長存；有些像是飛鳥掠過天邊，漸去漸遠（　）而有一些事，卻像夏日的小河、冬天的落葉（　）像春花（　）也像秋草，似無所見，又非視而不見（　）童年的許多細碎事物，大體如此，不去想，什麼都沒有，一旦思想起，便歷歷如繪。

a.（教師可比較a、b標點符號不同，產生的意義變化）

> 　　每個人的一生都會遭遇許多事：有些是過眼雲煙，倏忽即逝；有些是熱鐵烙膚，記憶長存；有些像是飛鳥掠過天邊，漸去漸遠；而有一些事，卻像夏日的小河、冬天的落葉、像春花、也像秋草，似無所見，又非視而不見。童年的許多細碎事物，大體如此，不去想，什麼都沒有，一旦思想起，便歷歷如繪。

b.

> 　　每個人的一生都會遭遇許多事　有些是過眼雲煙，倏忽即逝；有些是熱鐵烙膚，記憶長存；有些像是飛鳥掠過天邊，漸去漸遠。而有一些事，卻像夏日的小河、冬天的落葉、像春花、也像秋草，似無所見，又非視而不見——童年的許多細碎事物，大體如此，不去想，什麼都沒有，一旦思想起，便歷歷如繪。

6. 練習為下列「」，填上作者省略的語詞。

> 那時，我們住的是低矮簡陋的農舍，「　」簷下無排水溝，庭院（也）未鋪柏油，（所以）一下雨，「　」便泥濘不堪。（但是）「　」屋頂上的雨水滴落下來，卻理直氣壯的在簷下匯成一道水流，……。

> 「農舍」「庭院」「農舍」

7. 下列畫線文句間雜文言文的成份，請把它改寫成流暢的白話文。

> 我們在水道上放紙船遊戲，花色斑雜者，形態怪異者，氣派儼然者，甫經下水即遭沉沒者，各色各樣的紙船或列隊而出，或千里單騎，或比肩齊步，或互相追逐，或者乾脆是曹操的戰艦——首尾相連。形形色色，蔚為壯觀。我們所得到的，是真正的快樂。

> 　　我們在水道上玩放紙船的遊戲。紙船的外型有的堅固美觀，氣派儼然；也有的花色斑雜，形態怪異；當然更有一下水就立刻沉沒的。這些各色各樣的紙船下水後，先在水道上游處排成一行，準備出發。出發後，速度快的有如千里單騎般，一路領先；速度較慢的就落在後面，有時兩兩比肩齊步，有時忽快忽慢，互相追逐。碰到水道轉彎，水流變慢或者有障礙物阻擋，這些船又變成是曹操戰艦——首尾相連。這些形形色色的紙船，航行在水道上蔚為壯觀的景色，而我們也從中享受到許多玩紙船遊戲的快樂。

8. 請依照文義將下列畫線部分，修改成更流暢的文句。

> 這些紙船都是有感情的，因為它們大都出自母親的巧思和那雙粗糙不堪、結著厚繭的手。（但是）母親摺船給孩子，讓孩子在雨天裡也有笑聲，<u>這種美麗的感情</u>（卻）要（等）到年事稍長後才能體會出來，（。）也許那雨一下就是十天半月，農作物都有被淋壞、（被）淹死的可能，<u>母親心裡正掛記這些事，煩亂憂愁不堪</u>，但她仍然平靜和氣的為孩子摺船，（想）摺成比別的孩子所擁有的還要漂亮的紙船，（好）讓孩子高興。

> 這種寓藏的美麗感情
> 母親心裡雖然為這些事，煩亂憂愁

六、學習成果評量

1. 作者眷戀童年雨天時光的原因是什麼？（鍑倫）「表層理解」
   (A) 可在簷下水道玩紙船遊戲　　(B) 擁有許多亮麗充實的紙船
   (C) 童年發生許多細碎的事　　　(D) 擁有四類難忘的印象

2. 下列何者屬於「似無所見，又非視而不見」的印象？（鍑倫）「表層理解」
   (A) 熱鐵烙膚　　　　　　　　　(B) 童年雨天時光
   (C) 飛鳥掠過天邊　　　　　　　(D) 過眼雲煙

3. 母親在雨天仍耐心摺紙船給孩子的原因是什麼？（鍑倫）「表層理解」
   (A) 受不住孩子涎著臉苦苦哀求
   (B) 想轉移注意力化解生活煩憂
   (C) 確保孩子在遊戲中贏過別人
   (D) 讓孩子在雨天裡也能有笑聲

4. 當年歲漸長，作者期許自己帶給孩子的是_____？（鍑倫）「表層理解」
   (A) 無微不至的呵護　　　　　　(B) 富裕的物質生活
   (C) 無憂快樂的環境　　　　　　(D) 懷古的童玩趣味

5. 下列歌詞何者最符合文中的母愛？（鍍倫）「深層分析」
(A) 每次我想更懂你／我們卻更有距離／是不是都用錯言語／也用錯了表情
(B) 媽媽的辛苦不讓你看見／溫暖的食譜在她心裡面／有空就多多握握她的手／把手牽著一起夢遊
(C) 你 牽我走 彎彎的小巷／風吹過落葉的地方／你 說孩子 勇敢的去闖／去 看世界的模樣
(D) 妳了解我所有得意的東西／才常潑我冷水怕我忘形／妳知道我所有丟臉的事情／卻為我的美好形象保密

6. 下列文句，何者在全文中發揮承上啟下的功能，使文義由「回憶童年紙船遊戲」轉而「表達對母親的懷念」？（佳宜）「主題結構」
(A) 一旦思想起，便歷歷如繪
(B) 那時，我們住的是低矮簡陋的農舍
(C) 這些紙船都是有感情的
(D) 童年舊事，歷歷在目

甲、閱讀下文，回答7-10題

那時，我們住的是低矮簡陋的農舍，簷下無排水溝，庭院未鋪柏油，一下雨，便泥濘不堪。屋頂上的雨水滴落下來，卻理直氣壯的在簷下匯成一道水流，水流因雨勢而定，或急或緩，或大或小。我們在水道上放紙船遊戲，花色斑雜者，形態怪異者，氣派儼然者，甫經下水即遭沉沒者，各色各樣的紙船或列隊而出，或千里單騎，或比肩齊步，或互相追逐，或者乾脆是曹操的戰艦——首尾相連。形形色色，蔚為壯觀。我們所得到的，是真正的快樂。

7. 作者童年都在何處放紙船？（佳宜）「表層理解」
(A) 下水道　(B) 排水溝　(C) 柏油路　(D) 屋簷下

8. 下列詞語，何者描繪出「放紙船」時的動態景象？（佳宜）「表層理解」
(A) 花色斑雜　　(B) 形態怪異
(C) 氣派儼然　　(D) 比肩齊步

9. 本段旨在說明紙船遊戲的……？「主題結構」
(A) 水流　(B) 地點　(C) 過程　(D) 感情

10. 本段有關紙船遊戲的敘述順序，何者正確？「主題結構」
(A) 條件→內容→感受　　　(B) 條件→感受→內容
(C) 內容→感受→條件　　　(D) 內容→條件→感受

參考答案

1	2	3	4	5	6	1	2	3	4
(A)	(B)	(D)	(C)	(B)	(C)	(D)	(D)	(C)	(A)

第四課　背影

一、主題結構

自然段	1	2	3
重點	難忘父親背影	交代同行南京的原因	父子第一次衝突－浦口送行
自然段	4	5	6
重點	父子第二次衝突－講價、請託照顧	父子第三次衝突－買橘子。 父親背影－爬月台、混入人群，流淚	回憶父親背影，流淚

自然段	1	2-4	5	6
意義段	一	二	三	四
統整重點	思念父親背影	父子關係緊張	父親背影	回憶父親背影
統整主題	題目：背影 主題：從背影體會父親承荷家庭的孤單、沈重 主題重要性：體會家人無言的付出 寫作目的：表達對父親行為的感動、不捨與疼惜（人的關懷）			
統整表述方式	借事寫情 事：父子三次隱藏的衝突，三次背影的落淚 情：以眼淚為象徵，暗示兒子的感動、不捨與疼惜			
統整文章脈絡	背影			
	思念背影	父子關係緊張	父親背影	回憶背影
	點題	南京 浦口車站	過鐵道、 爬月台、 混入人群	來信、鐵道背影
		父親行為 兒子冷漠與懊悔	父親背影 兒子眼淚	父親沈鬱 兒子不捨

二、文類知識

（一）理解文類

1. 說明「背影」有關作者經驗、感受的內容。

項目	內容
經驗	南京、浦口車站父子相處，看見父親買橘子的背影
感受	對父親行為百般挑剔，對父親背影的感動、不捨、疼惜

三、表層理解與深層分析

意義段一

（一）理解表層訊息

內容	摘要重點
（1）我與父親......背影。	1. 說明主題－對父親背影印象深刻

意義段二

（一）理解表層訊息

內容	摘要重點
（2）那年冬天，......我們便同行。	1. 同行原因
（3）到南京時，......他只說：「不要緊，他們去不好！」	1. 地點：南京 2. 父親對兒子遠行的牽掛及兒子的冷漠
（4）我們過了江，......，那時真是太聰明了！	1. 地點：浦口車站 2. 父親講價、兒子的冷漠、懊悔 3. 父親託茶房、兒子的冷漠、懊悔

（二）統整文章要點

1. 統整父子對送行浦口車站的行為與想法。

父親行為	父親想法	兒子行為	兒子想法
說好不送兒子	事情忙		
對茶房送兒子頗為躊躇	覺得不妥貼		我已20歲 到北京2-3次 自己可以去
決定自己送兒子	較放心	兩三回勸他不必去	希望父親不要送

2. 統整父子在浦口車站的行為與想法。

父親行為	父親想法	兒子行為	兒子想法	兒子的懊悔
照顧行李		買車票		
與腳夫談小費	節省花費	插嘴講價	父親說話不漂亮	當時聰明過分
囑我路上小心不要受涼			我會照料自己	
囑託茶房照應	關心孩子旅行的安全	暗笑父親迂	沒有付錢不會得到照應	當時太聰明

（三）推論解釋深層內容

1. 推論作者兩次懊悔自己當時太聰明的寓意。

> 當時只在乎解決事情的方法好不好，根本不在乎父親的心意及感受。事後才體會父親的心意其實比做的好不好重要。

2. 兒子和父親在浦口車站與南京的互動，你認為他對父親的態度如何，請舉例文中證據，支持你的看法。

態度	證據
冷漠	1. 我兩三回勸他不必去 2. 總覺他說話不大漂亮，非自己插嘴不可 3. 我將他給我做的紫毛大衣鋪好坐位 4. 我心裡暗笑他的迂，他們只認得錢，託他們直是白託 5. 我這樣大年紀的人，難道還不能料理自己麼

3. 你認為父親察覺到兒子的冷漠嗎？並進一步說明支持你意見的理由。

意見	理由
有察覺 沒有察覺	

意義段三

（一）理解表層訊息

內容	摘要重點
（5）我說道：「爸爸，您走吧！」……，我的眼淚又來了。	1. 兒子對父親買橘子不以為然 2. 父親蹣跚穿過鐵道的背影 3. 努力爬月台的背影 4. 兒子流淚 5. 趕緊攙父親 6. 父親背影混入人群，兒子流淚

（二）統整文章要點

1. 統整讓作者二次流淚背影的內容。

動作	描寫	反應
過鐵道 爬月台	1. 蹣跚的走過鐵道 2. 慢慢探身下月台 3. 用兩手攀著上面，兩腳向上縮，肥胖的身子向左微傾，顯出努力的樣子	1. 流淚 2. 趕緊攙他
混入人群	1. 背影混在人裡再找不著了	流淚

（三）推論解釋深層內容

1. 推論父親要買橘子時，作者說：「我本來要去，他不肯，只好讓他去」一句，隱含的內在感情。

> 從送到浦口車站到講價到託人，作者認為父親一貫的固執己見，所以這裡委婉的暗示當時他不以為然、不滿的情緒。

2. 推論當作者兩次看著父親的背影而流下眼淚時，「流淚」隱含的內在感情。

事件	流淚的感情
過鐵道、爬月台	感動父親這輩子辛苦努力的持家，就像蹣跚過鐵道、爬月台般孤單、辛苦
混入人群	不捨父親離開後的孤單與面對債務的艱辛

3. 推論父親買回橘子後，感覺「心裡很輕鬆似的」一句，隱含的內在感情？

> 他認為兒子獨自搭車的所須注意細節都已經幫他打點完畢，終於可以放下掛念的心

4. 推論兒子目送父親時，父親要他趕緊回座位的行為，隱含何種考量？

> 不希望孩子因為擔心自己的緣故，東西被偷，增加旅途的不便與麻煩

5. 你認為何時作者對父親的態度開始轉變？請舉例文中證據，支持你的看法。

時間	轉變	證據
父親動身買橘子的過程	由冷漠而關心	注意到父親的蹣跚 注意到父親簡樸的穿著 注意到父親爬月台的辛苦 趕緊去攙他 注意到父親表情的輕鬆

（四）分析寫作技巧

1. 分析「父親買橘子」一段的寫人技巧。

寫人技巧	內容
節奏緩慢	對買橘子一段的細節描寫，讓時間節奏自然緩慢下來－提醒讀者這是文章的重點
細節詳盡	他用兩手攀著上面，兩腳再向上縮；他肥胖的身子向左微傾，顯出努力的樣子－仔細勾描努力克服難關的神態
象徵鮮明	戴著黑布小帽，穿著黑布大馬褂，深青布棉袍－心情沈重，生活拮据 蹣跚地走到鐵道邊－背影孤單、艱辛、沈重

意義段四

（一）理解表層訊息

內容	摘要
（6）近幾年來，……唉！我不知何時再能與他相見！	1. 讀信回憶父親的背影，掛念父親

（二）統整文章要點

1. 統整作者三次流淚的場合、原因。

場合	原因
蹣跚過鐵道，辛苦爬月台	看到父親的孤單沈重艱辛的背影，感動父親過去、現在、未來對家庭的付出
混入人群	心疼父親將獨自一人面對無情的人世，承擔生活的沈重、艱辛及對子女的牽掛
回憶鐵道背影	看到父親生活的艱辛與心情的沉鬱，又想起鐵道上孤獨、艱辛、沈重的身影

2. 排列文章五個主要內容出現的次序。

同行南京→浦口車站→進入車廂→購買橘子→父親離去

（三）推論解釋深層內容

1. 推論父親言「大約大去之期不遠矣」，隱含何種情緒，這種情緒與作者言「又看見那肥胖的青布棉袍、黑布馬褂的背影」，如何呼應？

情緒	呼應
身體的病痛，家中景況的慘澹，讓父親情緒低落，心情沈鬱，所以悲觀的說自己不久於人世	父親的沈鬱，讓作者回憶起鐵道上那個衣著顏色黯淡，蹣跚而行，辛苦攀爬，顯得孤單、沈重又艱辛的背影

2. 根據全文內容，你認為作者第一段所說的背影，具體的內容是什麼？並舉例文中證據，支持你的看法。

看法	證據

（四）分析寫作技巧

1. 分析作者以「背影描寫父親」的寫人技巧。

寫人技巧	內容
a.象徵	背影沒有表情，沒有聲音，卻承荷重擔，象徵父親形象—默默承荷家庭重擔，艱辛、沈重，卻沒有自己的表情、沒有任何怨言

四、批判評論

（一）表達意見、說明理由

1. 舉二個例子，說明「背影」中父親對兒子慈愛、關心的行為。根據這些例子，想一想你認為父親對二十歲的兒子，用這樣的行為表達關心恰不恰當？並進一步說明你的理由。

例子	看法	理由
1.	恰當	
2.	不恰當	

2. 舉二個例子，說明「背影」中兒子對父親冷漠的行為。根據這些例子，想一想你認為兒子的行為會不會傷害父親？並進一步說明你的理由。

例子	看法	理由
1.	會傷害	
2.	不會傷害	

五、應用練習

1. 根據浦口車站的講價情節，改以父親的角度，重述此段內容。

2. 我會參考下文，練習利用細節，描寫一個令人印象深刻的畫面。

   我看見他戴著黑布小帽，穿著黑布大馬褂，深青布棉袍，蹣跚地走到鐵道邊，慢慢探身下去，尚不大難。可是他穿過鐵道，要爬上那邊月臺，就不容易了。他用兩手攀著上面，兩腳再向上縮；他肥胖的身子向左微傾，顯出努力的樣子。這時我看見他的背影，我的淚很快地流下來了。

3. 利用細節及象徵的描寫技巧，描寫一位人物。

六、學習成果評量

1. 作者在文章段落（2.3）交代整起事件發生的背景。下列何者<u>不包含</u>在內？（佳宜）「表層理解」
   （A）發生在作者二十歲那年　（B）祖母的喪事料理完畢
   （C）父親離職的原因　　　　（D）與父親同往南京的原因

2. 文中「頗躊躇了一會」、「他躊躇了一會」，作者運用這兩次「躊躇」，凸顯父親......。（佳宜）「深層分析」
   （A）充滿不耐煩的情緒　（B）做事缺乏主見
   （C）否定茶房能力　　　（D）對兒子的萬般牽掛

3. 作者認為父親和腳夫講價錢時，說話「不大漂亮」，最可能的原因是認為父親......。（佳宜）「深層分析」
   （A）態度過於卑微　（B）言語技巧笨拙
   （C）方言口音太重　（D）價錢給得太高

4. 關於父親「戴著黑布小帽，穿著黑布大馬褂，深青布棉袍」的描述，下列說明何者<u>錯誤</u>？：（佳宜）「深層分析」
   （A）居喪期間所以穿著以暗色為主
   （B）深青布用以烘托父親慘淡的心情
   （C）以棉袍馬褂暗示氣候的寒冷
   （D）打扮傳統顯現父親樸實守舊的一面

5. 推測「我說道：『爸爸，您走吧！』」一句，作者當時的態度與口氣？（鎮倫）「深層分析」
   （A）離情依依（B）冷淡煩躁（C）灑脫豪放（D）孝順恭敬

6. 由作者「趕緊拭乾了淚，怕他（父親）看見，也怕別人看見」的反應，可看出作者的......。（鎮倫）「深層分析」
   （A）倔強愛面子　　　（B）孝順體貼
   （C）做作虛假　　　　（D）成熟堅強

7. 〈背影〉中藉由內心獨白及行為動作暗示人物的思想感情，下列文句與作者心情的詮釋，何者說明<u>錯誤</u>？（鎮倫）「深層分析」
   （A）我那時真是聰明過分，總覺他說話不大漂亮，非自己插嘴不可 / 充滿懊悔
   （B）他和我走到車上，將橘子一股腦兒放在我的皮大衣上 / 感覺心情沉重
   （C）我本來要去的，他不肯，只好讓他去 / 內心不以為然
   （D）等他的背影混入來來往往的人裡，再找不著了，我便進來坐下，我的眼淚又來了 / 充滿不捨、憐惜

8. 根據文中父子衝突的敘述，作者對父親的評價最可能是：（佳宜）「深層分析」
   （A）缺乏辦事的能力，才會遭到單位開除
   （B）交遊廣闊，認識許多旅館的茶房
   （C）出手闊綽，不懂得和商家講價錢
   （D）想法老舊，不懂實際社會情況

9. 文中描寫父親「......於是撲撲衣上的泥土，心裡很輕鬆似的」。關於心裡輕鬆原因的說明，何者較正確？
   （A）跟腳伕講價，省下一筆小費，覺得很輕鬆
   （B）終於買到了便宜好吃的橘子，覺得很輕鬆
   （C）故意假裝輕鬆，為了顯現出做父親的威嚴
   （D）幫兒子打點完畢，終於可以放下掛念的心

1	2	3	4	5	6	7	8	9	
(C)	(D)	(B)	(C)	(B)	(A)	(B)	(D)	(D)	

第五課　賣油翁

一、主題結構

自然段	1	2	3
意義段	一	二	三
統整重點	康肅善射	賣油翁觀射	賣油翁酌油
統整主題	題目：賣油翁 主題：賣油翁的沉穩自信 主題重要性：觀察周遭的人物，反思自己的缺點，學習他們的優點 寫作目的：藉由賣油翁的故事，說明以柔克剛的效用；並進一步探討技術由熟而巧，所涉及的心智鍛鍊與修養（人的關懷）		
統整表述方式	寫人 對話寫人－陳康肅 行為寫人－賣油翁		
統整文章脈絡	賣油翁		
	背景	開始、過程	衝突、高潮、結束
	康肅善射	康肅射箭 賣油翁觀射	兩人衝突、賣油翁酌油 賣油翁離開

二、文類知識

（一）理解文類

1. 說明本文是小說或散文的理由。

意見	理由
小說	表達人物的行為、感受 第三人視角

三、表層理解與深層分析

意義段一

（一）理解表層訊息

內容	重點
（1）陳康肅公……自矜。	1. 康肅專長：射箭技術佳 2. 康肅缺點：過於自信

1. 說明康肅自負的原因。

射箭技術天下第一。

（二）統整文章要點

1. 統整「康肅」的基本資料。

專長	成就	缺點
射箭	天下第一	自矜

意義段二

（一）理解語詞

1. 詮釋「睨之」的涵義：本意是斜眼看人，但此處可解釋為
   瞇著眼睛專心看。（可請學生討論，「睨之」的兩種說
   法，哪一個比較合理？並說明贊成或不贊成的理由。

說法	贊成／不贊成	理由
瞇著眼睛專心看		
有輕視的意思		

（二）理解表層訊息

內容	重點
（2）嘗射於家圃，……但微頷之。	賣油翁觀射 1. 過程：釋擔、仔細長時間觀察 2. 心得：命中率約八、九成 3. 反應：點頭贊許（可能看出不能百發百中的原因）

（三）統整文章要點

1. 統整「賣油翁觀射」的內容。

項目	過程	心得	反應
內容	釋擔、睨之、久	十中八九	微頷

（四）推論解釋深層內容

1. 你對「賣油翁微頷」的看法，並舉例文中證據，支持看
   法。

意見	證據
贊許射箭技術	十中八九
覺得可以給他一些啟發	無他熟爾；表演酌油技術
發現他射箭技術的破綻	無他熟爾；表演酌油技術

意義段三

（一）理解詞語

1. 虛字統整

文句	用法
釋擔「而」立	連接「釋擔及立」
久「而」不去	卻，「雖然很久卻不離開」
自錢孔入，「而」錢不溼	連接「自錢孔入及錢不溼」
笑「而」遣之	連接「笑及遣之」

文句	用法
但手熟「爾」	語末助詞
「爾」安敢輕吾射	你
惟手熟「爾」	語末助詞

文句	用法
「汝」亦知射乎	你
「吾」射不亦精乎	我
「爾」安敢輕吾射	你

文句	用法
以「我」酌油知之	我
我亦無「他」	其他

文句	用法
睨「之」	康肅射箭
但微頷「之」	康肅射箭
以我酌油知「之」	「無他惟手熟爾」的看法
徐以杓酌油瀝「之」	銅錢
笑而遣「之」	賣油翁

文句	用法
汝亦知射「乎」	語末助詞（疑問）
吾射不亦精「乎」	語末助詞（疑問）
但手熟「爾」	語末助詞（肯定）
康肅忿「然」	語末助詞（形容狀態）
惟手熟「爾」	語末助詞（肯定）

（二）理解表層訊息

內容	重點
（3）康肅問曰：……康肅笑而遣之。	1. 康肅洋洋得意的口吻 2. 賣油翁的膽識－敢冒犯官員 3. 康肅驕縱蠻橫的口吻 4. 賣油翁的從容與自信－酌油 5. 賣油翁的謙虛－只是手熟而已 6. 康肅似有所悟的回應

（三）統整文章要點

1. 組織「賣油翁酌油」的過程。

取出葫蘆→銅錢覆口→以杓酌油→銅錢不溼

2. 統整賣油翁與陳康肅具有哪些特質的對比。

項目	身分	年紀	個性	技術	表演
賣油翁	卑微	大	沉著自信智慧	酌油熟而巧	提供教誨反思
康肅	高貴	輕	驕縱自大浮躁	射箭熟練	炫耀技術

3. 賣油翁兩次提到「手熟」，語意上有什麼差別？

次數	文句	評論對象	語意
第一次	但手熟耳	陳康肅公	評論陳康肅公射箭的技術只是熟練的層次
第二次	惟手熟耳	賣油翁自己	謙虛表達自己酌油技術（雖然高超）也只不過是熟練而已

（四）推論解釋深層內容

1. 推論賣油翁酌油時安排葫蘆、銅錢……等項目細節的寓意。

項目	葫蘆	銅錢	油	錢不濕
細節	隨風擺動	口小	液體	失誤率為零
寓意	如箭受風速影響	如箭靶紅心	比箭難控制	技術更高明

2. 解釋賣油翁技高一籌的原因，並據例文中證據，支持看法。

原因	證據
專心、沉著、發現問題	觀射箭的表現、了解康肅命中率
解決問題	讓酌油零失誤
態度從容自信（避免酌油失誤）	與康肅對話的表現

3. 解釋你對康肅笑而遣之的看法，並舉例文中證據，支持看法。

看法	證據
體悟自己技不如人 體悟自技不如人的原因 未體悟技不如人的原因	賣油翁酌油技高一籌 由怒轉笑 遣之

4. 推論賣油翁是本文主角，卻先介紹康肅的原因？

先交代康肅的身分性格，使後文的衝突具合理性，也使文末的結局更富深意。

5. 推論本文結局的安排，能使文章產生何種效果。

結局開放，可以讓讀者自行體會與解讀，並產生餘韻無窮的趣味。

（五）分析寫作技巧

1. 分析作者「寫人」的寫作技巧。

項目		內容
1. 寫人技巧	a.簡潔生動	全以說話口吻塑造康肅的傲慢自大 全以動作塑造賣油翁的從容篤定

四、批判評論

（一）表達意見，說明理由

1. 你認為康肅射箭的手熟與賣油翁酌油的手熟，層次相同嗎？並說明意見的理由。

意見	理由
層次相同 層次不同	

2. 你喜歡家人或長輩人利用賣油翁利用這種「不言之教」，進行勸說的策略嗎？並說明意見的理由。

意見	理由
喜歡 不喜歡	

五、應用練習

1. 根據課文內容，用康肅的視角，說明他觀看賣油翁酌油的心理感受。

2. 利用開始、過程、衝突、高潮、結束的結構，編寫一個有人物（生物）、行為對話的小故事。

六、翻譯參考

內容	翻譯
（1）陳康肅公善射，當世無雙，公亦以此自矜。	陳康肅先生擅長射箭，（因為）射箭技術天下第一，（所以）他對自己的射箭技術很自負。
（2）嘗射於家圃，有賣油翁釋擔而立，睨之，久而不去，見其發矢十中八九，但微頷之。	有一次在家圃練習射箭，一位賣油的老先生經過，就放下油擔，站在一旁仔細的觀看，看了一段時間後，發現康肅射箭的命中率大約有百分之八、九十，所以微微點頭稱讚。

內容	翻譯
（3）康肅問曰：「汝亦知射乎？吾射不亦精乎？」	康肅看到老人點頭稱讚，很高興的問：您也看的懂射箭啊？我射箭的技術很讚吧！
翁曰：「無他，但手熟爾。」	老先生回答：也沒有多特別，不過就是熟練而已。
康肅忿然曰：「爾安敢輕吾射！」	康肅生氣的說：你竟敢看輕我的射箭技術！
翁曰：「以我酌油知之。」	老先生回答：我是從倒油的經驗，體會到技術好不好，無非就是熟練不熟練的層次罷了。
乃取一葫蘆置於地，以錢覆其口，徐以杓酌油瀝之，自錢孔入，而錢不溼。	於是拿出一個葫蘆，把它放在地上；又拿出一個銅錢，把它放在放在葫蘆口上，慢慢的從錢口把油倒到葫蘆裡去。油倒完了，把銅錢從葫蘆口拿起來，銅錢上竟然沒有沾到一滴油。
因曰：「我亦無他，惟手熟爾。」	老先生接著說：我的技術也沒有多特別，不過就是熟練而已。
康肅笑而遣之。	康肅看到老先生倒油的技術，及他從容不迫的神情，若有所悟，於是笑一笑，就讓他離開了。

七、學習成果評量

1. 根據賣油翁與陳康肅的互動，推測下列哪個詞語最適合用來形容賣油翁？（鍰倫）「表層理解」
   （A）好為人師 （B）個性善良 （C）從容謙虛 （D）高高在上

2. 陳康肅與賣油翁在文中都展現出對自己的自信，賣油翁的自信主要來自於......？（鍰倫）「表層理解」
   （A）身份高貴 （B）能力累積 （C）競賽成就 （D）他人肯定

3. 本文藉由陳康肅與賣油翁的角色設定，經營出何種寫作效果？（鍰倫）「表層理解」
   （A）對比張力 （B）詼諧趣味 （C）懸疑緊張 （D）高潮迭起

4. 下列文句所省略的主詞，何者**不是**賣油翁？（佳宜）「表層理解」
   （A）睨之，久而不去
   （B）見其發矢十中八九
   （C）乃取一葫蘆置於地
   （D）自錢孔入，而錢不溼

5. 下列何者最可能是康肅公射箭的箭靶？（佳宜）「表層理解」

6. 康肅公說：「吾射不亦精乎」時，他是認為……（佳宜）「表層理解」
 （A）自己的射箭技術比對方的酌油技術好
 （B）自己用的羽箭，品質不太精良
 （C）自己的射箭技術遠比大多數人好
 （D）自己射箭的天分比不上賣油翁

7. 下列說話者的說話口吻，何者顯出「驕傲自滿」的個性？（佳宜）「表層理解」
 （A）漢文帝：「此人親驚吾馬；吾馬賴柔和，令他馬，固不敗傷我乎？」
 （B）沈復：「余憶童稚時，能張目對日，明察秋毫。」
 （C）陳康肅公：「汝亦知射乎？吾射不亦精乎？」
 （D）王冕：「天下哪有個學不會的事？我何不自畫他幾枝？」

8. 陳康肅公說「爾安敢輕吾射」時，他的表情最接近何者？（佳宜）「表層理解」

（A）　　　（B）　　　　（C）　　　　（D）

9. 統整陳康肅公與賣油翁兩人的互動，推斷下列哪個階段的說明錯誤？（佳宜）「表層理解」

人物	（A）	（B）	（C）	（D）
陳康肅公	射於家圃	十中八九	氣憤質問	嘲笑
賣油翁	旁觀射箭	但微頷之	演示酌油	離開

10. 下列有關人物行為的說明，何者正確？「表層理解」
 （A）從「公亦以此自矜」可知陳康肅待人很謙虛
 （B）從「以我酌油知之」可知賣油翁身份很卑微
 （C）從「油入錢孔而不溼」可知賣油翁瀝油技藝很高超
 （D）從「睨之，久而不去」可知賣油翁對射箭技術很自負

11. 下列對於本文寫作特色的說明，何者正確？「深層分析」
 （A）夾敘夾議，品評人物是非　（B）善用對話，表現人物性格
 （C）敘事簡潔，寫人容貌畢現　（D）情節生動，寫景歷歷如繪

12. 關於本文「對比襯托」之寫作技巧的說明，何者錯誤？「深層分析」
 （A）「事件」上，以射箭快速和瀝油的緩慢相映照
 （B）「材料」上，以箭的堅硬和油的柔軟相映照
 （C）「地位」上，以康肅的尊貴和賣油翁的年長相映照
 （D）「個性」上，以康肅的急躁和賣油翁的沉著相映照

13.「笑而遣之」的笑，最可能指康肅的何種心情？「深層分析」
 （A）甘拜下風（B）故弄玄虛　（C）笑裡藏刀（D）裝瘋賣傻

14. 下列有關「人物言行、細節」的說明，何者正確？「表層理解」
 （A）從「徐以杓酌油」的「徐」字，可看出賣油翁酌油技術不精
 （B）從「爾安敢輕吾射」的「爾」字，可表現康肅對賣油翁的輕視
 （C）從「但微頷之」的「微頷」二字，可表現賣油翁對康肅射箭技術的讚嘆
 （D）從「汝亦知射乎」的「知射」二字，可看出康肅認為賣油翁善於射箭

15. 下列有關小說「用筆詳略」的說明，何者正確？「深層分析」
（A）觀射過程採略筆，用以製造緊張氣氛
（B）人物外形描寫採詳筆，用以凸顯人物個性
（C）酌油過程採詳筆，用以表現技高一籌
（D）答話內容採略筆，用以強調兩人默契極佳

16. 關於「陳康肅的心情變化順序」，下列敘述何者正確？「主題結構」
（A）憤怒→質疑→驕傲　　（B）驕傲→憤怒→服氣
（C）質疑→輕蔑→驕傲　　（D）憤怒→驕傲→服氣

17. 下列有關「情節順序」的說明，何者正確？「主題結構」
（A）康肅射箭→兩人衝突→危機解決→賣油翁觀察
（B）賣油翁觀察→康肅射箭→危機解決→賣油翁酌油
（C）康肅射箭→兩人衝突→賣油翁酌油→危機解決
（D）賣油翁觀察→康肅射箭→賣油翁酌油→危機解決

參考答案

1	2	3	4	5	6	7	8	9	10
(C)	(B)	(A)	(D)	(A)	(C)	(C)	(B)	(D)	(C)

11	12	13	14	15	16	17			
(B)	(C)	(A)	(B)	(C)	(B)	(C)			

第六課　張釋之執法

一、主題結構

自然段	1	2	3	4
意義段	一	二	三	四
統整重點	發生犯蹕事件	縣人供詞	皇帝不滿意判決	皇帝同意判決
統整主題	題目：張釋之執法 主題：說明張釋之執法不畏權貴的例子 主題重要性：學習如何表達立場，堅持原則 寫作目的：表彰張釋之執法公正，不畏權貴的精神（人的關懷）			
統整表述方式	借事寫人 事：中渭橋犯蹕的過程，審理，皇帝態度及轉變 人：張釋之執法公正不畏權貴的精神			
統整文章脈絡	張釋之執法			
	犯蹕	犯蹕供詞	皇帝不同意判決	皇帝同意判決
	時間過程結果	理由主張	理由主張	理由結果

二、表層理解與深層分析

意義段一

（一）理解表層訊息

內容	摘要重點
（1）釋之為廷尉。……屬之廷尉。	1. 張釋之擔任廷尉（事件時間） 2. 皇帝外出 3. 經過中渭橋（事件地點） 4. 有人驚嚇到御馬（過程） 5. 皇帝命令侍衛逮捕犯人 6. 將犯人交付廷尉審理（結果）

（二）統整文章要點

1. 敘述犯蹕事件過程。

皇帝出巡→御馬驚嚇→逮捕犯人→送交廷尉

2. 統整犯蹕事件。

時間	地點	事件過程	事件結果
張釋之擔任廷尉	中渭橋	1. 皇帝出巡 2. 有人驚嚇御馬	1. 侍衛逮捕犯人 2. 交付廷尉審理

（三）統整次脈絡

犯蹕事件		
時間	過程	結果
釋之為廷尉	有人犯蹕	逮捕交廷尉

（四）推論解釋深層內容

1. 「上行，出中渭橋，有一人從橋下走出，乘輿馬驚。於是使騎捕，屬之廷尉。」你認為這段敘述是哪個人的觀點？並舉例文中證據，支持你的看法。

看法	證據	
皇帝、犯蹕者、侍衛、敘述者的觀點	內容	推論
	上行	不是皇帝
	有一人	不是犯蹕者
	使騎捕	不是侍衛

意義段二

（一）理解表層訊息

內容	摘要重點
（2）釋之治問。……見乘輿車騎即走耳。」	1. 張釋之審問犯人 2. 立刻躲在橋下（看不見車隊） 3. 等很久才從橋下走出來（檢核管制時間可知是否說謊） 4. 一出來，當面就撞見皇帝車隊（沒時間迴避） 5. 立刻離開（沒有惡意逗留）

（二）統整文章要點

1. 統整縣人供詞的重點，並推論申辯主題。

理由（因為）	申辯主題（所以）
1. 躲在橋下--不清楚地面情況 2. 等待很久 3. 當面撞見車隊--沒時間迴避 4. 立刻離開--沒有惡意逗留	犯蹕為意外，沒有任何謀害皇帝的意圖

（三）統整次脈絡

犯蹕者供詞			
理由			主張
躲橋下	當面撞上御馬	立刻離開	意外非蓄意

（四）推論解釋深層內容

1. 推論「即出，見乘輿車騎即走耳」一句，作者強調「即出、即走」的寓意。

內容	寓意
即出	說明沒有時間可以迴避皇帝車隊
即走	說明沒有任何不良意圖

2. 縣人主張犯蹕只是意外，你認為他的供詞能否支持他的主張？並舉例文中證據，支持你的看法。

看法	證據
能支持 不能支持	

意義段三

（一）語詞

1. 廷尉奏「當」，「當」罰金：判決書，判決。當的本義為檔，有檔案的意思，所以名詞可解釋為判決書，動詞則解釋為判決書中的判決。
2. 縣人：平民自稱。

（二）理解表層訊息

內容	摘要重點
（3）廷尉奏當：……而廷尉乃當之罰金！」	1. 張釋之判決當事人應繳付罰款 2. 皇帝認為處罰過輕。因為當時的狀況有可能讓自己受傷，讓皇帝受傷應判重刑

（三）統整文章要點

1. 統整皇帝對判決的主張及理由。

皇帝理由（因為）	主張（所以）
1. 縣人驚嚇了御馬 2. 御馬失控會連帶傷害到我 3. 皇帝受傷，罪該萬死	判決太輕

（四）統整次脈絡

皇帝不滿意判決		
理由		主張
驚嚇御馬	皇帝會受傷	判重刑

（五）推論解釋深層內容

1. 你認為皇帝主張判決過輕的理由合理嗎？並舉例證據，支持看法。

看法	證據
合理 不合理	

意義段四

（一）語詞

1. 統整「之」的涵義。

內容	涵義
屬「之」廷尉	代指犯人
久「之」	無義
廷尉乃當「之」罰金	犯人
今法如此而更重「之」	刑罰
使立誅「之」則已	犯人
天下「之」平也	無義
唯陛下察「之」	判決

2. 統整「而」的涵義。

內容	涵義
「而」廷尉乃當之罰金	但是
今法如此「而」更重之	卻 反而

3. 統整「且」的涵義。

內容	涵義
「且」方其時	更何況

（二）理解表層訊息

內容	摘要重點
（4）釋之曰：......「廷尉當是也。」	1. 法律適用對象是全國人（包括皇帝） 2. 廷尉判案要遵守法律 3. 當時皇帝可以利用皇權當場處死犯人 4. 廷尉審判要謹守公正原則 5. 審判偏袒權貴，會增加百姓生活的痛苦 6. 皇帝勉強同意張釋之的判決

（三）統整文章要點

1. 統整張釋之對法的理念。

內容	理念
法者，天子所與天下公共也。今法如此而更重之，是法不信於民也	判案要遵守法律，不可偏袒權貴
廷尉，天下之平也，一傾而天下用法皆為輕重，民安所錯其手足	判決要公正，不可偏袒權貴，造成百姓的痛苦

2. 統整皇帝最後同意判決的原因。

原因（因為）	結果（所以）
張釋之主張法律具權威性（判案要遵守法律），判決要公正，不可偏袒權貴。這樣的執法精神很重要（有別於秦的嚴刑峻法偏袒權貴）	皇帝同意

3. 統整全文內容。

項目	內容
犯蹕經過	皇上經過中渭橋，有人驚嚇御馬，侍衛捉住他，並送交廷尉審理
犯人供詞	犯蹕是意外，沒有不良意圖
張釋之判決	採信供詞，判縣人繳付犯蹕罰金
皇帝主張	犯蹕可能傷害皇帝，廷尉判決過輕
張釋之解釋	判案要守法，判決要公正
最後結果	皇帝同意判決

（四）統整次脈絡

皇帝同意判決		
理由		主張
廷尉判案要守法	庭尉判案要公正	皇帝勉強同意

（五）推論解釋深層內容

1. 推論張釋之主張「廷尉，天下之平也，一傾而天下用法皆為輕重，民安所錯其手足？」的寓意。

> 廷尉審判如果偏袒皇帝，會讓全國各級的審判官員，認為權勢可以左右審判結果，那麼法律條文將形同虛設，權貴者可以肆無忌憚的欺壓百姓，百姓將生活在水火之中。

2. 你認為張釋之執法的原則是什麼？並舉例證據支持看法。

原則	證據
1. 體恤百姓 2. 尊重法律 3. 審判公正	

（六）分析寫作技巧

1. 分析作者描寫「張釋之」的寫人技巧。

寫人技巧	內容
a.對話	張釋之說明對法的想法，表現他尊重法律，堅持審判公正客觀的精神
b.烘托	皇帝盛怒，烘托張釋之不畏權貴的精神

三、批判評論

（一）表達意見說明理由

1. 你同意張釋之的判決嗎？並進一步說明理由。

意見	理由
同意/不同意	

2. 你主張皇帝應將犯人交給廷尉處理，還是當場處死？並進一步說明你的理由。

意見	理由
交付廷尉當場處死	

3. 尋找一個法案的判決，說明你的看法。

事件	判決	看法

4. 介紹人物，你喜歡「張釋之執法」中借事寫人的寫作方式，還是「五柳先生傳」中概括說明的寫作方式，並說明你的理由。

意見	理由
喜歡 借事寫人、概括說明	

（二）比較

1. 閱讀下列兩段文字，比較它們內容與形式的異同。

先生不知何許人也，亦不詳其姓字。宅邊有五柳樹，因以為號焉。
閒靖少言，不慕榮利。好讀書，不求甚解，每有會意，便欣然忘食。性嗜酒，家貧，不能常得。親舊知其如此，或置酒而招之。造飲輒盡，期在必醉，既醉而退，曾不吝情去留。環堵蕭然，不蔽風日；短褐穿結，簞瓢屢空。——晏如也。常著文章自娛，頗示己志。忘懷得失，以此自終。
贊曰：黔婁之妻有言：「不戚戚於貧賤，不汲汲於富貴。」極其言，茲若人之儔乎？酣觴賦詩，以樂其志。無懷氏之民歟！葛天氏之民歟！

張廷尉釋之者，堵陽人也，字季。
釋之為廷尉。上行，出中渭橋，有一人從橋下走出，乘輿馬驚。於是使騎捕，屬之廷尉。釋之治問。曰：「縣人來，聞蹕，匿橋下。久之，以為行已過，即出，見乘輿車騎即走耳。」廷尉奏當：一人犯蹕，當罰金。文帝怒曰：「此人親驚吾馬；吾馬賴柔和，令他馬，固不敗傷我乎？而廷尉乃當之罰金！」釋之曰：「法者，天子所與天下公共也。今法如此而更重之，是法不信於民也。且方其時，上使立誅之則已。今既下廷尉，廷尉，天下之平也，一傾而天下用法皆為輕重，民安所錯其手足？唯陛下察之。」良久，上曰：「廷尉當是也。」
太史公曰：張季之言長者，守法不阿意。書曰「不偏不黨，王道蕩蕩；不黨不偏，王道便便」。張季近之矣。

	內容：異	形式：同
五柳	身世：不重姓氏、地域 經歷：重個人生活情趣 論贊：女性觀點	先身世 次經歷 後論贊
張釋之	身世：重姓氏、地域 經歷：重個人事功 論贊：史官觀點	先身世 次經歷 後論贊

四、應用練習

1. 模擬皇帝生氣的口吻，將下文重說一遍。

> 此人親驚吾馬；吾馬賴柔和，令他馬，固不敗傷我乎？而廷尉乃當之罰金！

> （空白框）

2. 將下列反問句改為陳述句。

反問句	陳述句
固不敗傷我乎？	一定會傷害到我的身體
民安所錯其手足？	人民生活必定很痛苦

3. 閱讀下文，用自己的話把張釋之對法的想法說清楚。

> 法者，天子所與天下公共也。今法如此而更重之，是法不信於民也。且方其時，上使立誅之則已。今既下廷尉，廷尉，天下之平也，一傾而天下用法皆為輕重，民安所錯其手足？

廷尉審案要遵守法律	皇帝如想判重刑，可以當場將犯蹕者處死	一旦交給廷尉，廷尉判決就必須謹守公正的原則，不能偏袒權貴

五、翻譯參考

內容	翻譯
（1）釋之為廷尉。上行，出中渭橋，有一人從橋下走出，乘輿馬（被人）驚。於是（上）使騎捕（人），（上）屬之廷尉。	釋之擔任廷尉時。皇帝外出，離開中渭橋時，有一人從橋下跑出來，皇帝御馬被此人驚嚇。於是皇帝命令侍衛逮捕犯人，皇帝交待把肇事者交給廷尉處理。
（2）釋之治問（人）。（人）曰：「縣人來（中渭橋），聞蹕，匿橋下。久之，（縣人）以為行已過，即出，見乘輿車騎即走耳。」	釋之審問肇事者。肇事者說：「縣民經過中渭橋，聽到交通管制，立刻躲藏橋下。過了很久，縣民以為皇帝車隊已經離開，趕緊出來，一出來就碰見皇帝車隊，當時就立刻離開。」
（3）廷尉奏當（於上）（，）（當曰）：一人犯蹕，當（人）罰金。	廷尉向皇帝呈送判決書，判決書的內容是：當事人違反皇帝外出行人應迴避的交通規則，判決當事人應當繳納罰金。

內容	翻譯
（3）文帝（聞當）怒曰：「此人親驚吾馬；吾馬賴柔和，令他馬，固不敗傷我乎？（此事攸關皇上安危）而廷尉乃當之罰金！」	文帝聽完判決書的內容，生氣的說：當事人當場驚嚇了御馬；幸虧御馬訓練有素，假如換成其他的馬，一定會使我受傷？這件事關係皇帝安危，廷尉竟然只判決他罰款）！」
（4）釋之曰：「法者，天子所與天下公共也。今法如此而（卻因為對象是皇帝）更重之，是法不信於民也。且方其時，上使（騎）立誅之則已。今既下廷尉，廷尉，天下之平也，一傾而天下用法皆為輕重，民安所錯其手足？唯陛下察之。」良久，上曰：「廷尉當是也。」	釋之曰：「法律條文，適用於天子與百姓。當法律條文規定犯蹕要繳納罰款，卻因為對象是皇帝，對他加重刑罰，這樣的判決會讓人民不相信法律條文。更何況如果皇帝認為犯人罪該萬死，當時，命令侍衛當場殺死他就可以了。現在既然交付廷尉審判，廷尉這個職位，要維護天下所有審判的公正性，如果廷尉的審判傾向權貴，那麼天下所有的審判都會以權貴為重，以百姓為輕，人民如何平安的過日子？希望陛下對判決的意見再仔細斟酌。考慮了很久，皇帝才勉強的說：「廷尉判決的考慮是對的。」

六、學習成果評量

1. 根據縣人的供詞，文帝的車駕走在中渭橋上的時候，縣人應當位於何處？（佳宜）「表層理解」

2. 作者摘錄縣人供詞：「縣人來，聞蹕，匿橋下。久之，以為行已過，即出，見乘輿車騎即走耳。」的目的是什麼？（鍰倫）「深層分析」
   （A）證明縣人具犯案動機　　（B）強調辦案需抽絲剝繭
   （C）表現張釋之執法公正　　（D）說明縣人犯蹕為意外

3. 文帝對張釋之判決的評價如何？（佳宜）「表層理解」
   （A）很滿意，因為罰金可以充盈國庫
   （B）不滿意，因為罰金會增加百姓負擔
   （C）很滿意，因為能昭告天下，漢法寬鬆
   （D）不滿意，因為驚擾聖駕，應當重刑懲罰

4. 司馬遷生動的文章，讓讀者如見其人、如聞其聲。如果將〈張釋之執法〉情節改編為話劇。下列畫底線處的演員對話，何者<u>不符合</u>本文記載的內容？（佳宜）「表層理解」

演員：<u>文帝、張釋之</u>
場景：未央宮內
開場前：文帝坐在臺階之上，臉色蒼白，心有餘悸。張釋之站在臺階之下。左右呈上判決書。

張釋之：「啟稟陛下，<u>一人犯蹕，依法應判處罰款。（A）</u>」
文帝（表情、語氣憤怒）：「這個刁民驚嚇到我的馬，幸好那馬溫順柔和，<u>如果換成其他的馬，我一定會受傷，（B）</u>讓皇帝受傷這樣重大的過失，廷尉竟然只判他罰款了事！」
張釋之（態度不卑不亢）：「<u>本朝的法律條文，是專門制定給百姓遵守的（C）</u>。當今法律條文規定，一人犯蹕，應判處罰款，<u>現在如果因為皇上的緣故，加重刑罰，那麼，人民就不再信任法律了。</u>（D）」

5. 張釋之認為執法的最高原則是：（佳宜）「表層理解」
（A）遵守法律　　　　　　（B）廷尉親自判決
（C）量刑從嚴　　　　　　（D）採納皇帝意見

6. 由文末「良久，上曰：『廷尉當是也。』」可推論文帝對張釋之判決的態度是什麼？（鍒倫）「表層理解」
（A）勉強接受　　　　　　（B）刻意刁難
（C）冷眼旁觀　　　　　　（D）心悅誠服

7. 本案的審理程序是………？（鍒倫）「主題結構」
（A）皇帝同意判決→皇帝申訴異議→皇帝交付廷尉審問→呈送判決書給皇帝
（B）皇帝交付廷尉審問→呈送判決書給皇帝→皇帝申訴異議→皇帝同意判決
（C）皇帝呈送判決書給皇帝→交付廷尉審問→皇帝申訴異議→皇帝同意判決
（D）皇帝申訴異議→皇帝交付廷尉審問→呈送判決書給皇帝→皇帝同意判決

8. 依照張釋之的理想與堅持，他在哪個部門服務最能造福百姓？（佳宜）「生活應用」
（A）教育部　（B）立法院　（C）司法院　（D）考試院

參考答案

1	2	3	4	5	6	7	8		
(D)	(D)	(D)	(C)	(A)	(A)	(B)	(C)		

第七課　五柳先生傳

一、主題結構

自然段	1	2	3
意義段	一	二	三
統整重點	人物背景	生活概況、情志	評論
統整主題	題目：五柳先生傳 主題：敘述五柳先生的志趣 主題重要性：反思是否要盲目追隨主流價值 寫作目的：表達自己的志趣，並以史傳的體例書寫不合史傳傳統的價值觀，表達對人生價值獨特的觀點及對世俗價值觀的批判（人的關懷） 採用史傳體式本文最宜注意的重點，史書具有形塑社會主流價值觀的作用		
統整表述方式	寫人 志：追求精神自在，不受世俗價值束縛的價值觀 趣：讀書、飲酒、創作		

統整文章脈絡	五柳先生傳				
	人物身分	生活與情志		評論	
	只有字號	生活貧困	精神悅樂	心志安於貧賤	特質自然純樸

二、文類知識

（一）認識文類

1. 史傳散文的特色。

項目	內容
生平	姓氏字號、地域、官職
經歷	官場經歷
論贊	評論事功

（二）理解文類

1. 說明「五柳先生傳」史傳散文的特色。

項目	內容
生平	無姓氏字號、地域、官職，只有任意取號
經歷	無官場經歷，只有個人喜好
論贊	無史官評論事功，只有女性觀點，說明自由心靈的可貴

三、表層理解與深層分析

意義段一

（一）理解表層訊息

內容	重點
（1）先生不知何許人也，……因以為號焉。	1. 介紹人物身分，無地域、無姓名（不拘傳統史傳）

（二）統整文章要點

1. 比較兩段文字有關人物身份介紹的不同。

先生不知何許人也，亦不詳其姓字。宅邊有五柳樹，因以為號焉。

張廷尉釋之者，堵陽人也，字季。

項目	姓名	官銜	地域	字號
五柳	無	無	無	五柳先生
張釋之	張釋之	廷尉	堵陽	張季

意義段二

（一）理解句子

1. 詮釋「既醉而退，曾不吝情去留」:雖然喜歡喝酒，卻不貪杯留戀。

（二）理解表層訊息

內容	重點
（2）閑靜少言，……，以此自終。	1. 生活概況、情志 2. 志：不慕榮利、忘懷得失 3. 趣：讀書會意、喝酒盡興 4. 生活：衣食住簡陋 5. 態度：安然自在 6. 文：文如其人

（三）統整文章要點

1. 統整五柳先生的生活概況與情志。

項目	生活概況	趣	志
內容	食：簞瓢屢 衣：短褐穿結 住：環堵蕭然 不避風日	讀書會意 喝酒盡興 著文自娛 對生活安然自在	不慕榮利 忘懷得失 （精神的自在逍遙）

（四）推論解釋深層內容

1. 推論五柳先生不在乎物質貧困的原因。

平時以讀書、著作為娛樂，生活常保持自在逍遙的心境。

2. 解釋「不慕榮利」的深層涵義，並舉例證據，支持看法。

深層涵義	舉例
1. 人格獨立自由，不受世俗價值左右	不重視地域、姓氏 讀書不求甚解，貴在會意
2. 節制慾望	既醉而退，不吝去留
3. 精神優遊自在	會意忘食，文章自娛，生活簡陋卻晏如

意義段三

（一）理解語詞

1. 統整虛字涵義。

文句	用法
1. 既醉「而」退	連接醉及退
2. 或置酒「而」招之	連接置酒及招

文句	用法
1. 不戚戚「於」貧賤	語助詞

文句	用法
1. 或置酒而招「之」	他
2. 黔婁「之」妻	的，語助詞
3. 茲若人「之」儔乎	的，語助詞

文句	用法
1. 先生不知何許人「也」	語助詞，肯定句
2. 因以為號「焉」	語助詞，肯定句
3. 環堵蕭「然」	語助詞，形容詞尾

文句	用法
1.晏如「也」	語助詞，肯定句
2.茲若人之儔「乎」	語助詞，疑問句
3.無懷氏之民「歟」	語助詞，感嘆句

（二）理解表層訊息

內容	重點
（3）贊曰：......葛天氏之民歟！	1. 五柳先生因為不戚戚貧賤，所以能真正做到不汲汲富貴 2. 寫黔婁之妻，是感激妻子的體諒 3. 優遊詩酒，享受生命的自在與逍遙，不受貧賤富貴的影響 4. 精神的自在逍遙如同上古的先民

1. 說明五柳先生不汲汲富貴的原因。

不戚戚貧賤。

（三）統整文章要點

1. 統整文章三個主要內容的敘述次序。

人物身份→個性志趣→人物評價

（四）推論解釋深層內容

1. 統整五柳先生心志所向的內容，並推論心志所寓藏的價值觀。

例子	價值觀
1.不慕榮利	追求心靈的自在逍遙，不受世俗價值的羈絆
2.忘懷得失	
3.不戚戚於貧賤，不汲汲於富貴	

2. 說明五柳先生傳與傳統史傳不同的價值觀。

項目	人物身分	價值觀	志趣	評論
傳統	重視	重外顯事功	做官經歷	史官（男性）
五柳	不重視	重內在精神	生活樂趣	女性

3. 推論論贊引用黔婁之妻言的意涵。

史傳的贊曰是重要的評論，正史不可能引女性言論，此處大膽顛覆傳統，顯示作者不受價值觀拘執的心靈。而陶潛能自由做自己，也來自妻子的支持，所以特別記錄表達感激

4. 推論「無懷氏、葛天氏之民」能不戚戚貧賤，不汲汲富貴的原因？

> 遠古以物易物，不易累積財富；政治的運作簡單，較少權力爭逐，所以人民簡單過日子，對貧賤富貴沒有特別的意識，所以也不會有追求富貴的想法

5. 五柳先生傳是陶淵明的自白，推論他為何要虛構一個人來描述自己。

> 不滿意傳統史傳的書寫體例，認為個人情操與精神生活，才是史家應該注意的重點，因此用新的體例為自己立傳，也提供一種新的立傳思維。這種新思維在當時雖然影響不大，但寫精神不寫事功，精神重在與自然相通，卻影響後代的藝術

（五）分析寫作技巧

1. 分析本文使用的寫人技巧。

寫人技巧	內容
1.獨特性	知何許人也，亦不詳其姓字
2.寫神不寫形	閑靜少言，不慕榮利；晏如
3.烘托	黔婁之妻有言
4.結構	身世、經歷、評論

四、批判評論

（一）表達意見說明理由

1. 你贊同世俗的價值觀嗎？請舉二例說明，並說明贊同或不贊同的理由。

意見	例子	理由
贊同 不贊同		

2. 你贊同五柳先生的生活態度嗎？請舉二例說明，並說明贊成的理由。

意見	例子	理由
贊同 不贊同		

3. 閱讀下列兩段文字，你喜歡哪種寫人方式，並進一步說明理由。

甲	先生不知何許人也，亦不詳其姓字。宅邊有五柳樹，因以為號焉。

	閑靜少言，不慕榮利。好讀書，不求甚解，每有會意，便欣然忘食。性嗜酒，家貧，不能常得。親舊知其如此，或置酒而招之。造飲輒盡，期在必醉，既醉而退，曾不吝情去留。環堵蕭然，不蔽風日；短褐穿結，簞瓢屢空。──晏如也。常著文章自娛，頗示己志。忘懷得失，以此自終。
乙	元朝末年，出了一個嶔崎磊落的人。這人姓王名冕，在諸暨縣鄉村裡住。七歲上死了父親，他母親做點針黹供他到村學堂裡去讀書。
	看看三個年頭，王冕已是十歲了，母親喚他到面前來說道：「兒啊！不是我有心要耽誤你，只因你父親亡後，我一個寡婦人家，年歲不好，柴米又貴，這幾件舊衣服和些舊傢伙，當的當了，賣的賣了，只靠我做些針黹生活尋來的錢，如何供得你讀書？如今沒奈何，把你雇在間壁人家放牛，每月可得幾錢銀子，你又有現成飯吃，只在明日就要去了。」王冕道：「娘說的是。我在學堂坐著，心裡也悶，不如往他家放牛，倒快活些。假如要讀書，依舊可以帶幾本書去讀。」
	王冕自此在秦家放牛，每到黃昏，回家跟著母親歇宿。或遇秦家煮些醃魚、臘肉給他吃，他便拿塊荷葉包了，回家孝敬母親。每日點心錢也不用掉，聚到一兩個月，便偷個空走到村學堂裡，見那闖學堂的書客，就買幾本舊書，逐日把牛拴了，坐在柳樹蔭下看。
	彈指又過了三、四年，王冕看書，心下也著實明白了。

意見	理由

五、應用練習

1. 利用身分、生活志趣、總評的敘述結構，為自己寫一篇自傳。

六、翻譯參考

內容	翻譯
（1）先生不知何許人也，亦不詳其姓字。宅邊有五柳樹，因以為號焉。	這位先生不在乎自己的家鄉，也不在乎自己的姓名，因為居住的地方有五棵柳樹，所以自稱五柳先生。

內容	翻譯
（2）閑靜少言，不慕榮利。好讀書，不求甚解，每有會意，便欣然忘食。性嗜酒，家貧，不能常得。親舊知其如此，或置酒而招之。造飲輒盡，期在必醉，既醉而退，曾不吝情去留。環堵蕭然，不蔽風日；短褐穿結，簞瓢屢空。——晏如也。常著文章自娛，頗示己志。忘懷得失，以此自終。	他平時沈默寡言，不愛熱鬧，對世間的聲名、富貴，也不感興趣。平時喜歡讀書，但不拘泥古人的註解，每當讀出自己的體悟，常高興的忘了吃飯。喜歡偶而喝點小酒，但因為家境貧困，往往不能如願。親朋好友知道他活的很窘迫，偶而有喝酒的聚會，必定邀請他來。因為喝酒的機會難得，所以一定盡情痛快的大喝，喝到醉意朦朧才停止。享受完這種喝醉的舒暢後，就與朋友告別，不再貪杯留戀。家裡空空蕩蕩沒有多餘的器物，房子也破舊不堪，無法遮風避雨。身上的衣服到處都是破洞補丁，鍋碗也常四底朝天，但卻安然自得。閒暇喜歡動筆寫文章，這些文章都能真實自然的流露自己的性格與喜好——希望這輩子能不隨波逐流，自由率性的過日子。
（3）贊曰：黔婁之妻有言：「不戚戚於貧賤，不汲汲於富貴。」極其言，茲若人之儔乎？酣觴賦詩，以樂其志。無懷氏之民歟！葛天氏之民歟！	寫傳記的人讚美他：黔婁的妻子曾讚美他的丈夫：「因為不憂戚貧賤，所以不貪求富貴。」仔細體會這句話，發現五柳先生正是這樣的人。自由率性的喝酒創作，不勉強自己遷就世俗。他的胸襟思想應該還保存了人類最原始的率真與樸素吧。

七、學習成果評量

1. 下列文句何者具有「因果關係」？（鍐倫）「表層理解」
   （A）好讀書，不求甚解
   （B）造飲輒盡，期在必醉
   （C）不戚戚於貧賤，不汲汲於富貴
   （D）常著文章自娛，頗示己志

2. 婚友社要幫五柳先生徵婚，但他「造飲輒盡，期在必醉，既醉而退，曾不吝情去留」的形象，恐怕會嚇跑了不少女性。我們應如何解釋，才能保留真實，又可凸顯五柳先生的良好形象？（鍐倫）「生活應用」
   （A）熱情向別人敬酒，但自己滴酒不沾
   （B）喜歡參與聚餐，暢快飲酒作樂
   （C）先說明自己酒量淺，避免酒醉失態
   （D）喝酒務求盡興，卻不貪杯留戀

3. 作者用什麼事實，證明五柳先生對讀書的喜愛？（佳宜）「表層理解」
   （A）閑靜少言，不慕榮利
   （B）每有會意，便欣然忘食
   （C）常著文章自娛，頗示己志
   （D）不戚戚於貧賤，不汲汲於富貴

4. 下列行為何者<u>不是</u>五柳先生所做？（佳宜）「表層理解」
   （A）置酒而招之　　　　　（B）造飲輒盡
   （C）既醉而退　　　　　　（D）酣殤賦詩

5. 五柳先生的生活樂趣，<u>不包含</u>下列哪件事？（鍰倫）「表層理解」
   （A）植柳　　　（B）讀書　　　（C）喝酒　　　（D）著文

6. 關於五柳先生的描述，下列說明，何者<u>錯誤</u>？（佳宜）「表層理解」
   （A）住處旁有五棵柳樹　　　　（B）食衣等民生需求十分匱乏
   （C）喜歡喝酒、作詩、寫文章　（D）妻子名叫黔妻，十分賢淑

7. 本文的「贊」引用女性言論，可以表現出人物傳記的何種特質？「深層分析」
   （A）隨和冷靜（B）客觀浪漫（C）獨特溫馨（D）主觀權威

8. 本文是一篇自傳，自傳除了以誠實為基本原則外，更要能達成「促銷」的效果。請問本文想促銷的是什麼？（鍰倫）「生活應用」
   （A）官場的顯赫經歷　　　　（B）獨特的精神情操
   （C）清白的家世背景　　　　（D）未來的抱負理想

9. 根據本文線索，可推論魏晉人......。（佳宜）「表層理解」
   （A）習慣在住家旁邊種植五棵柳樹
   （B）喜歡邊讀書邊喝酒
   （C）親友以聚餐喝酒聯絡感情
   （D）女性熱中參與政事

1	2	3	4	5	6	7	8	9	
(C)	(D)	(B)	(A)	(A)	(D)	(C)	(B)	(C)	

第八課 空城計

一、主題結構

自然段	1-2	3-4	5-6
意義段	一	二	三
統整重點	孔明危機與策略	司馬懿難題與策略	分析兩人策略
統整主題	題目：空城計 主題：孔明以空城計逼退司馬懿化解危機 主題重要性：學習面對危機的逆向思維 寫作目的：塑造孔明棋逢對手，卻技高一籌的戰術應用（人的關懷）		
統整表述方式	借事寫人 事：孔明以空城防禦司馬懿攻城的過程 人：孔明的沉著及司馬懿、孔明兩人在戰術應用的表現		
統整文章脈絡	空城計		

孔明		司馬懿		分析
危機	處理	難題	處理	空城計成功原因優點

二、文體知識

（一）理解小說

1. 說明本文的主要人物、情節、對話。

項目	內容
人物	孔明、司馬懿
情節	空城計的原因、過程、結果
對話	孔明與文官、司馬懿與兒子

三、表層理解與深層分析

意義段一

（一）理解表層訊息

內容	摘要重點
（1）孔明分撥已定，……，盡皆失色。	1. 西城危機 a.人數懸殊 b.成員皆文官 c.事件緊急
（2）孔明登城望之，……，焚香操琴。	1. 解決策略： a.傳令布局空城：藏旗、守鋪、掃城門 b.表演空城悠閒：披鶴氅，戴綸巾，焚香操琴

（二）統整文章要點

1. 統整西城危機。

項目	內容
危機鋪陳	十餘次飛馬報到眾官聽得這消息，盡皆失色
人數懸殊	只剩二千五百軍在城中大軍十五萬，望西城蜂擁而來
武將寡少	孔明身邊並無大將，止有一班文官

2. 統整孔明的危機處理。

項目	內容
觀察敵情	果然塵土沖天，魏兵分兩路望西城縣殺來
空城策略	1. 眾將旌旗，盡皆藏匿 2. 諸軍各守城鋪，如有妄行出入，及高聲言語者，立斬 3. 大開四門，每一門上用二十軍士，扮作百姓，灑掃街道
心戰策略	孔明乃披鶴氅，戴綸巾，引二小童，攜琴一張，於城上敵樓前，憑欄而坐，焚香操琴

3. 孔明安排空城策略的順序。

藏匿軍旗→軍隊進駐街鋪→不得喧鬧→開城門→軍士掃街→主帥從容

（三）統整次脈絡

空明	
危機	處理
大軍來襲	空城佈局、主將鎮定

（四）推論解釋深層內容

1. 面對危機，你認為孔明是個怎樣的將領，並舉例文中證
   據，支持看法。

看法	證據
態度從容慮事周密 深獲軍士信任	言簡意賅，層次井然的發佈命令，在極短時間安排出空城的氛圍 城門操琴態度從容，軍士掃街旁若無人（騙過司馬懿）

意義段二

（一）理解表層訊息

內容	摘要重點
（3）卻說司馬懿前軍哨到城下，……，旁若無人。	司馬懿的難題與觀察 1.孔明坐於城樓之上，笑容可掬，焚香操琴 2.城門內外有二十餘百姓，低頭灑掃，旁若無人
（4）懿看畢，……於是兩路兵盡皆退去。	司馬懿的策略與理由 1.策略：從山路退兵 2.理由：諸葛亮行事平穩，大開城門，必定是街亭詐敗，在西城甕中捉鱉

（二）統整文章要點

1. 統整司馬懿對空城的反應。

項目	內容
反應	笑而不信
觀察	孔明笑容可掬，焚香操琴，百姓灑掃旁若無人（仔細）
聯想	（街亭輕易獲勝）孔明用兵謹慎
判斷	西城必有埋伏
決策	山路撤軍

（三）統整次脈絡

司馬懿		
難題	處理	
空城	觀察：主帥人民從容	決策：山路撤軍

（四）推論解釋深層內容

1. 根據司馬懿的反應，你認為他是個怎樣的將領？並舉例文中證據，支持看法。

看法	證據
處事謹慎 周密	觀察主帥及人民的細微表情 縝密思考對手的慣用戰術 選擇避免大敗的戰術（剛被任用；街亭大勝） 仔細安排撤軍路線（山路撤軍）
缺乏靈活 思考 缺乏行前 情報蒐集	相信對手的用兵習慣 觀察陷入主觀的迷思（飛馬不能清楚看見人物表情，所以笑容、旁若無人應為主觀揣測） 對西城的軍情缺乏了解

2. 推論安排司馬懿父子對話的寫作目的？

> 說明司馬懿退兵的原因，讓讀者了解司馬懿處事謹慎周密的將領特質。

意義段三

（一）理解表層訊息

內容	摘要重點
（5）孔明見魏軍遠去，……吾已令興、苞二人在彼等候。」 （6）眾皆驚服，……，曰：「吾若為司馬懿，必不便退也。」	1.孔明說明司馬懿退兵的原因： a.舊經驗：用兵謹慎 a.新情境：必有埋伏 c.撤兵安排：走山路 2.孔明說明布局：在山路伏軍攔截 3.孔明說明空城計高明的原因 4.孔明說明空城計優點

1. 說明司馬懿退兵的原因。

> 此人料吾平生謹慎，必不弄險；見如此模樣，疑有伏兵，所以退去。

2. 說明孔明使用空城計的原因。

> 吾兵止有二千五百，若棄城而走，必不能遠遁。得不為司馬懿所擒乎。

（二）統整文章要點

1. 比較司馬懿與孔明的將領特質。

項目	沉著鎮定	觀察仔細	掌握敵軍將領思維	決策明快	戰術創新
孔明	*	*	*	*	*
司馬懿	*	*		*	

（三）統整次脈絡

分析	
司馬懿思維	空城計成功原因與優點

（四）推論解釋深層內容

1. 你認為文中哪些部分對孔明的描寫較為突兀？並進一步說明理由，並嘗試推論造成此現象的書寫背景。

描寫突兀	理由	原因
孔明見魏軍遠去，撫掌而笑言訖，拍手大笑	孔明身為主帥，如此動作過於戲劇化	小說本為說書人的底本，說書人必須用較誇張的語言吸引讀者注意

2. 本文內容有兩處重複，分別是什麼？分別屬於何人視角？並推論作者安排內容重複的寫作目的？

項目	內容	
重複	孔明操琴	司馬懿退兵原因
視角1	作者敘述	司馬懿親自說明
視角2	司馬懿所見	孔明猜測
	說明司馬懿觀察仔細，撤軍決策的審慎 側寫孔明與軍士的從容鎮定	說明孔明料事如神，能精確掌握敵軍將領的決策思維

（五）分析寫作技巧

1. 分析作者在「空城計」中，使用的寫人技巧。

寫人技巧	內容
a.行動－表現特質	懿看畢，大疑，便到中軍，教後軍作前軍，前軍作後軍，望北山路而退－謹慎 孔明乃披鶴氅，戴綸巾，引二小童，攜琴一張，於城上敵樓前，憑欄而坐，焚香操琴－沉著
b.對話－說明想法	亮平生謹慎，不曾弄險。今大開城門，必有埋伏。我軍若進，中其計也，汝輩焉知？宜速退 此人料吾平生謹慎，必不弄險；見如此模樣，疑有伏兵，所以退去。吾非行險，蓋因不得已而用之。此人必引軍投山北小路去也。吾已令興、苞二人在彼等候
c.對比	眾官聽得這消息，盡皆失色。

四、批判評論

（一）表達意見說明理由

1. 你認為空城計成功的因素是什麼？並進一步說明理由。

意見	理由
戰術創新大膽	一般人會選擇棄城逃走
掌握司馬懿的思維	對司馬懿的思維掌握精確
對決策有自信	操琴笑容可掬，軍士也從容鎮定

五、應用練習

1. 編寫劇本，演出空城計。

2. 利用對話說明想法、行為說明人物特質的寫人技巧，進行一段人物描寫。

六、學習成果評量

1. 西城的主要危機是什麼？「主題結構」
   (A) 城內缺乏糧草　　　　　(B) 司馬懿引軍殺來
   (C) 武將不在城中　　　　　(D) 城中只剩二千五百軍

2. 從「塵土沖天」可以看出司馬懿的軍隊……（佳宜）「表層理解」
   (A) 糧草充足　(B) 兵馬眾多　(C) 兵分兩路　(D) 治軍嚴謹

3. 孔明傳令將西城布置成空城，用意是什麼？（佳宜）「表層理解」
   (A) 博取司馬懿的同情
   (B) 準備採取突襲戰術
   (C) 製造城中有伏兵的假象
   (D) 降低敵方警戒，找機會遁逃

4. 「我軍若進，中其計也，汝輩焉知？宜速退。」推測司馬懿說這句話時的態度是什麼？（鍠倫）「表層理解」
   (A) 沾沾自喜　(B) 諄諄教誨　(C) 驚恐害怕　(D) 審慎果斷

5. 下列何者最可能是司馬懿判斷西城必有埋伏的根據？（佳宜）「表層理解」
   (A) 掃城百姓神色驚慌　　　(B) 城中人影幢幢
   (C) 童子殺氣騰騰　　　　　(D) 孔明笑容可掬

6. 司馬懿與司馬昭對話的主題是什麼？（鍠倫）「主題結構」
   (A) 說明決定退兵的原因　　(B) 教導兒子攻心的戰術
   (C) 比較兩軍優劣的情勢　　(D) 爭執空城計的可行性

7. 下列何者<u>不是</u>孔明空城計成功的原因？（鍠倫）「表層理解」
   (A) 掌握敵軍將領的思維　　(B) 使用的戰術創新大膽
   (C) 城內有張飛關羽守備　　(D) 態度自信獲軍士信任

8. 從這篇文章<u>不能</u>看出孔明的何種特質？（佳宜）「表層理解」
   (A) 處變不驚　(B) 足智多謀　(C) 神機妙算　(D) 仙風道骨

9. 孔明「空城計」使用的兵法原理，<u>不包含</u>何者？（佳宜）「表層理解」
   (A) 知己知彼　(B) 攻其無備　(C) 兵不厭詐　(D) 出奇制勝

10. 孔明安排空城的先後順序，何者正確？「主題結構」
    甲、軍士守城鋪
    乙、軍士扮百姓掃街道
    丙、藏匿軍旗
    丁、孔明在敵樓上焚香操琴
    (A) 甲乙丙丁　(B) 乙丁丙甲　(C) 丙甲乙丁　(D) 丁丙甲乙

11. 章回小說多為說書人的底本，因此常常留有較誇張的人物描寫，下列文句何者具備這樣的特色？（鍠倫）「深層分析」
    (A) 教後軍作前軍，前軍作後軍
    (B) 孔明見魏軍遠去，撫掌而笑
    (C) 吾非行險，蓋因不得已而用之
    (D) 此人料吾平生謹慎，必不弄險

12. 空城計中孔明面對危機時的態度，與哪一種血型的人最相似？
（鍰倫）「生活應用」
（A）A型－平常憂慮很多，一旦逼到絕境，表現比誰都強
（B）B型－平時一派悠閒自在，遇到絕境也不慌亂
（C）AB型－平時與絕境都有理性的一面，但也常出現混亂
（D）O型－平時表面風光，遇到絕境往往驚惶失措

參考答案

1	2	3	4	5	6	7	8	9	10
(B)	(B)	(C)	(D)	(D)	(A)	(C)	(D)	(B)	(C)

11	12								
(B)	(B)								

第九課　愛蓮說

一、主題結構

自然段	1	2
意義段	一	二
統整重點	說明現象	分析原因抒發感嘆
統整主題	題目：愛蓮說 主題：表達君子如蓮的為官節操 主題重要性：如何在環境中堅持自己的某些原則 寫作目的：表達為官有所不為的心志（人的關懷）	
統整表述方式	借物寫人 物：蓮花特質 人：人如蓮花的操守	

統整文章脈絡	愛蓮說			
	說明現象		分析原因	抒發感想
	世人愛三種花	蓮花特質	三種花特質	世人獨愛牡丹

二、文類知識

（一）認識文類

1. 認識「說」的特質。

對象	
特質	
寓意	
寫作目的	

（二）理解文類

1. 說明「愛蓮說」有關虛字、單詞、句式、省略的例子。

項目	內容
虛字	水陸草木之花、出淤泥而不染
單詞	菊、蓮、蕃
省略	亭亭淨植
句式	宜乎眾矣

2. 說明「愛蓮說」有關說的特質。（說表面是議論但主觀敘述的成分較濃，不一定會有嚴密的論證過程）。

對象	蓮
特質	花－不染不妖 莖－直 香氣－遠清 習性－可遠觀不可褻玩
寓意	君子官場之德
寫作目的	諷喻官場之人宜有君子之德

三、表層理解與深層分析

意義段一

（一）理解語詞

1. 詮釋「水陸草木之花，可愛者甚蕃」的涵義。
2. 詮釋「濯清漣而不妖」的涵義。
3. 根據理解，畫出「蓮花」。

（二）理解表層訊息

內容	重點
（1）水陸草木之花，……可遠觀而不可褻玩焉。	世人(官場之人)喜歡的花有三種 蓮花的特質 1. 花：不同流合污，不搔首弄姿 2. 莖：挺直而獨立 3. 香氣：默默傳香，香氣清遠 4. 習性：適合欣賞，不宜把玩

（三）統整文章要點

1. 統整世人喜歡的花。

項目	喜愛者	數量
菊花	陶淵明	少
牡丹	世人	多
蓮花	作者	少

2. 統整蓮花的特質。

項目	花	莖	香氣	習性
內容	不受環境影響	挺直獨立	香氣清遠持久	可欣賞不可玩弄

（四）推論解釋深層內容

1. 作者為什麼要細寫蓮花的特質？並舉例文中證據，支持看法。

原因	證據
用蓮花的特質，寄託官場的君子之德	下文言蓮花具有君子之德 而三種花代表對官場的三種態度，故可證明作者是借蓮花寓託他對官場君子之德的期待

意義段二

（一）理解語詞

1. 詮釋虛字涵義。

文句	用法
出淤泥「而」不染	卻，轉折
濯清漣「而」不妖	卻，轉折
可遠觀「而」不可褻玩	卻，轉折

文句	用法
水陸草木「之」花	的，語助詞

文句	用法
蓮「之」出淤泥而不染	無義，語助詞
花「之」隱逸者也	的，語助詞
菊「之」愛	無義，語助詞，愛菊者

文句	用法
可遠觀而不可褻玩「焉」	肯定句末
花之隱逸「者也」	肯定句末
宜「乎」眾「矣」	語助詞，語氣感嘆

（二）理解表層訊息

內容	重點
（2）予謂：⋯⋯，宜乎眾矣！	1. 三種花的特質 2. 三種花的喜好者

（三）統整文章要點

1. 統整三種花的內容。

項目	喜愛者	花的特質	喜好者
菊花	陶淵明	隱逸	少
牡丹	世人	富貴	多
蓮花	作者	君子	少

（四）推論解釋深層內容

1. 推論蓮花寓含的君子之德。

項目	花	莖	香氣	習性
內容	不受環境影響	挺直獨立	香氣清遠持久	可欣賞不可把玩
君子之德	環境污濁不同流合污。環境產生變化，也不搖首弄姿，諂媚逢迎	兩袖清風卻堅持正義，不結黨營私，不攀援權貴	默默表現高貴的操守，希望端正人心，影響社會	堅持操守，不受利誘

2. 推論作者借世人對三種花的喜愛程度，寓託什麼想法？

項目	喜愛者	象徵	喜好者	想法
菊花	陶淵明	隱逸	少	官場具隱逸之心者少
牡丹	世人	富貴	多	官場熱衷富貴者多
蓮花	作者	君子	少	官場具君子之德者少

（五）分析寫作技巧

1. 分析作者「寫人」的寫作技巧。

項目	內容
a.象徵	愛菊者：官場的隱逸者 愛蓮者：官場中的君子 愛牡丹：官場熱衷富貴者

四、批判評論

（一）表達意見說明理由

1. 作者如何證明喜歡菊花的人具有隱逸思想，喜愛牡丹的人熱衷富貴，喜愛蓮花的人具有君子之德？你認為這樣的推論合理嗎，請說明證明你觀點的理由。

作者證明	意見	理由
陶淵明愛菊 – 愛菊者有隱逸行為 世人多愛牡丹 – 愛牡丹者皆熱衷富貴 作者愛蓮 – 愛憐者有君子之德	合理 不合理	

2. 作者用具體的花寫抽象的品德，是否讓你對抽象的品德有具體的感受？請表達你的意見並說明理由。

意見	理由
是，不是	

五、應用練習

1. 本文採用三段式的敘述結構，先舉用二個次要意象，用它們烘托最後的主意象。想一個主題，利用三段式的敘述結構，把它敘述出來。

次意象一	次意象二	主意象
失敗	失敗	成功

2. 利用某物為象徵，描寫周遭的一位人物。

六、翻譯參考

內容	翻譯
（1）水陸草木之花，可愛者甚蕃：晉陶淵明獨愛菊；自李唐來，世人盛愛牡丹。予獨愛蓮之出淤泥而不染，濯清漣而不妖；中通外直，不蔓不枝；香遠益清，亭亭淨植，可遠觀而不可褻玩焉。	被世人喜愛的花有很多種：例如晉朝的陶淵明喜歡菊花；唐朝以來，世人瘋狂熱愛牡丹；而我卻喜歡蓮花，喜歡它，根雖然長在淤泥之中，花朵卻清麗脫俗，細莖雖然在清波盪漾的水中搖曳，花朵卻不任意搖擺晃動（搔首弄姿）；莖幹雖然中空，卻始終保持著挺立的姿態，既沒有四處攀援的藤蔓，也沒有四處橫生的枝杈；安靜的挺立水中，默默的散發淡雅的清香，香氣雖淡卻流溢四處。它適合維持一定的距離欣賞，卻不適合放在手中把玩。
（2）予謂：菊，花之隱逸者也；牡丹，花之富貴者也；蓮，花之君子者也。噫！菊之愛，陶後鮮有聞。蓮之愛，同予者何人？牡丹之愛，宜乎眾矣！	我認為：菊花，具有一種隱逸的特質；牡丹，具有一種富貴的特質；蓮花，具有一種君子的特質。咳！喜歡菊花的人，陶淵明之後，便很少聽說。喜歡蓮花的人，除了我，還有誰是同好？喜歡牡丹的人，應該是很多吧！

七、學習成果評量

1. 「湖裡有十來枝荷花，苞子上清水滴滴，荷葉上水珠滾來滾去」，可表現蓮花的何種特質？（佳宜）「深層分析」
   (A) 濯清漣而不妖　　　　(B) 中通外直，不蔓不枝
   (C) 香遠益清，亭亭淨植　(D) 可遠觀而不可褻玩焉

2. 蓮花具有疏水性、奈米尺寸的纖毛，因此不需人工清洗，只需經由天然的雨水沖刷，就可保持表面的清潔，我們稱這種自潔功能為「蓮花效應」。下列文句，何者說明此種現象？（鍰倫）「深層分析」
   (A) 中通外直　　　　　　(B) 香遠益清
   (C) 出淤泥而不染　　　　(D) 可遠觀而不可褻玩

3. 下列有關「愛菊、愛蓮、愛牡丹的人數比較」，何者符合作者觀點？（佳宜）「表層理解」
   (A) 愛蓮花的人多於愛菊花的人
   (B) 愛菊花的人多於愛牡丹的人
   (C) 愛牡丹的人少於喜歡蓮花的人
   (D) 愛蓮花的人少於愛牡丹的人

4. 作者認為北宋官場很少有人……。（佳宜）「深層分析」
   (A) 擇善固執　(B) 貪慕富貴　(C) 同流合汙　(D) 憂國憂民

5. 作者既以「愛蓮說」為題，為什麼還要提到菊和牡丹？（鍰倫）「深層分析」
   (A) 映襯蓮特有的品質　　(B) 貶抑蓮之外的其他花
   (C) 表現對花草的熟識　　(D) 證明喜好是因人而異

6. 作者的寫作目的是什麼？（鍰倫）「深層分析」
   (A) 表達個人獨特的品味　(B) 重視環境保護的議題
   (C) 闡明為官應有的節操　(D) 推廣食用蓮花的風氣

7. 敦敦國的國王讀到〈愛蓮說〉非常感動，想評選出具備「蓮花」特質的官員。下列何人最可能雀屏中選？（鍰倫）「生活應用」
   (A) 與貴族關係密切的彥文　(B) 體貼國王心意的成田
   (C) 威鎮四方驕縱跋扈的武關　(D) 清廉愛民有所不為的佐助

8. 「說」為文體的一種。根據本文推斷，何者是說體文必備的條件？（鍰倫）「深層分析」
   (A) 政治題材　(B) 剖析事理　(C) 精鍊字句　(D) 人物對話

9. 下列有關「論點與證據的說明」，何者無法在文中找到明確線索？（佳宜）「表層理解」

論點	水陸草木之花，可愛者甚蕃	菊，花之隱逸者也	牡丹，花之富貴者也	蓮，花之君子者也
證據	（A）有人愛菊，有人愛牡丹，有人愛蓮	（B）知名的隱士陶淵明喜愛菊花	（C）李唐的貴族都喜歡牡丹	（D）作者欣賞蓮花的君子之德

10. 如果作者嘗試以蓮花、牡丹的對比，暗示牡丹的特質，那麼下列有關牡丹特質的推論，何者**不符合**對比原則？（佳宜）「表層理解」

項目	花	莖	香氣	習性
內容	（A）豔麗耀眼	（B）枝蔓繁多	（C）愈遠愈濃郁	（D）可欣賞不可把玩

參考答案

1	2	3	4	5	6	7	8	9	10
(A)	(C)	(D)	(A)	(A)	(C)	(D)	(B)	(C)	(D)

第十課　陋室銘

一、主題結構

自然段	1			
意義段	一			
統整重點	陋室自得、陋室生活、陋室優點、自我期許			
統整主題	題目：陋室銘 主題：抒發個人的志趣 主題重性：身處逆境能以積極態度樂觀面對 寫作目的：抒發身處逆境但樂觀面對的心態 （人的關懷）			
統整表述 方式	借物寫志 物：陋室 志：生活自在（不憂不懼），深自期許			
統整文章 脈絡	陋室銘			
	自得	生活	好處	期許
	有德可以 增輝	自然人文 娛樂	避免官場 應酬公務	政治文學貢 獻

二、文類知識

（一）認識文類

銘文功用

1.原為周朝鑄在銅器上的文字，多為政治的目的如祭祀、征伐，後來轉為刻在器物，用以警戒、期許自己或稱述功德，並形成一種特殊文體。

2.如果刻在碑上，放在書桌右邊用以自警的銘文稱「座右銘」，劉禹錫的「陋室銘」就是此類。

3.如果刻在石碑上，叙述死者生平，加以頌揚追思的稱「墓志銘」，韓愈的「柳子厚墓志銘」就是此類。

4.座右銘為方便記誦，常使用對句及押韻。

（二）理解文類

1. 說明「陋室銘」用來自我期許的內容，及對句與押韻。

項目	內容
自我 期許	斯是陋室，惟吾德馨 南陽諸葛廬，西蜀子雲亭。孔子云：「何陋之有？」
對句	山不在高，有仙則名；水不在深，有龍則靈 苔痕上階綠，草色入簾青 談笑有鴻儒，往來無白丁 調素琴，閱金經 無絲竹之亂耳，無案牘之勞形 南陽諸葛廬，西蜀子雲亭
押韻	名、靈、馨、青、丁、經、形、亭

三、表層理解與深層分析

意義段一

（一）語詞

1. 詮釋「斯、是」的用法。

文句	用法
「斯」「是」陋室，惟吾德馨	此，指示詞。語助詞

2. 統整「之」的用法。

文句	用法
無絲竹「之」亂耳	語助詞
無案牘「之」勞形	語助詞
何陋「之」有	語助詞、受詞提前

3. 詮釋「鴻儒」的涵義：本為有聲譽的學者，但此處可以理解成品德高尚的人。

4. 詮釋「白丁」的涵義：本指不識字的勞動階級，但此處可以理解成品德低下的人。

（二）理解表層訊息

內容	摘要重點
（1）山不在高，……：「何陋之有？」	1. 陋室自得:居住者有德自然能蓬蓽生輝 2. 陋室生活:環境荒僻，缺少人跡，但野草、苔癬卻增添無限春光。往來皆為品德高尚的人（暗喻官場多品格低下） 3. 陋室好處:避免官場的應酬與公務 4. 自我期許:在陋室中自我充實，期待未來能在政治、文學有所發揮

（三）統整文章要點

1. 統整作者對陋室的介紹。

項目	內容
自得	積德可以增輝
生活	自然人文風光與生活娛樂
優點	避免官場應酬與公務
期許	未來能在政治、文學有所貢獻

（四）統整次脈絡

陋室			
自得	生活	好處	期許
有德可以增加	自然人文娛樂	避免官場應酬公務	政治文學貢獻

（五）推論解釋深層內容

1. 你認為作者對貶謫，採取何種態度，並舉例證據，支持看法。

看法	證據
樂觀（豐富生活內容）積極（期許未來貢獻）	斯是陋室，惟吾德馨苔痕上階綠，草色入簾青。談笑有鴻儒，往來無白丁。可以調素琴，閱金經南陽諸葛廬，西蜀子雲亭

2. 推論作者舉「諸葛廬，子雲亭」之例的寓意？

兩人皆有「不汲汲于富貴，不戚戚於貧賤」的美德，分別在政治、辭賦展露才華。暗示自己不費心營求富貴，但如能有名主賞識，受到重用，自當在政治施展抱負；如不能也希望在辭章上有所成就，或利用詩文諷喻時政，有益民生。

（六）分析寫作技巧

1. 分析本文為便於吟誦記憶，所採用的寫作技巧。

寫作技巧	內容
對句	山不在高，有仙則名；水不在深，有龍則靈。苔痕上階綠，草色入簾青
押韻	名、靈、馨、青、丁、經、形、亭

四、批判評論

（一）比較

1. 比較「五柳先生傳」與本文，作者所流露之人生觀的異同。

項目	生活簡樸	生活娛樂	世俗價值	人生態度
五柳	同	讀書、飲酒、著文	排斥	自得其樂
陋室	同	欣賞自然、好友相談、讀書彈琴	有條件贊同	追求政治文學的貢獻

五、應用練習

1. 利用押韻及對句的形式寫一段父母對自己的期許。

2. 利用押韻及對句的形式寫一段自己對自己的期許。

六、翻譯參考

內容	翻譯
（1）山不在高，有仙則名；水不在深，有龍則靈。斯是陋室，惟吾德馨。苔痕上階綠，草色入簾青。談笑有鴻儒，往來無白丁。可以調素琴，閱金經。無絲竹之亂耳，無案牘之勞形。南陽諸葛廬，西蜀子雲亭。孔子云：「何陋之有？」	山不必高峻，住有仙人，自然聲名遠播；水不必幽深，藏有蛟龍，自然變幻莫測；所以房子雖然簡陋，只要我表現了美好的材質，自然滿溢馨香。在這簡陋的房子裡，可以欣賞庭階上沾染的墨綠苔痕，也可以欣賞屋前茂盛的青草。可以結交純樸自然的朋友，也可以和曠達高潔的朋友在屋子裡愉快交談。平日獨居還可以彈琴、讀書做為娛樂。這樣的生活不必擔心官場應酬的喧鬧虛假，也不必傷神公務的繁雜瑣碎。南陽諸葛亮的故居，西蜀楊子雲的老屋，它們縱然設施簡陋，但是住著這些對政治、文學有貢獻的人物，孔子應該也會讚美它們「光采煥發，哪會簡陋」

七、學習成果評量

1. 「何陋之有」句中「之」字的用法，與下列「」中何者相同？（鍐倫）「表層理解」
   （A）項為「之」強
   （B）今法如此而更重「之」
   （C）無絲竹「之」亂耳
   （D）唯其疾「之」憂）

2. 下列何者可以看出「陋室」環境荒僻、人煙稀少？（佳宜）「表層理解」
   （A）苔痕上階綠
   （B）談笑有鴻儒
   （C）可以調素琴
   （D）南陽諸葛廬

3. 「居住陋室」的優點，<u>不包含</u>下列何者？（佳宜）「表層理解」
   （A）便於尋仙訪道
   （B）飽覽自然風光
   （C）避開官場應酬
   （D）生活自在逍遙

4. 劉禹錫將自己的住所命名為「陋室」的原因？（鍐倫）「表層理解」
   （A）期許自己未來擺脫貧窮
   （B）表達處逆境仍樂觀面對
   （C）刻意違背世俗換取美名
   （D）委婉諷刺世人重視虛名

5. 文中以「南陽諸葛廬，西蜀子雲亭」為例，主要的寫作目的是什麼？（鍐倫）「深層分析」
   （A）期許自己在政治、文學上有貢獻
   （B）表明心中的愛國抱負與思古幽情
   （C）暗示陋室的舊址是古代賢人居處
   （D）使用正反例證襯托自己卓越超群

6. 「五柳先生」與本文作者共同的興趣是什麼？（佳宜）「深層分析」
   （A）飲酒自娛
   （B）閱讀書籍
   （C）演奏素琴
   （D）欣賞美景

7. 下列「學習音樂的好處」，何者最能獲得作者認同？（佳宜）「表層理解」
   （A）陶冶性情
   （B）紓解壓力
   （C）鍛練耳力
   （D）才藝表演

8. 小禹依〈陋室銘〉的內容完成了一張售屋廣告單，當中的廣告詞何者最<u>不符合</u>實情？（鍐倫）「生活應用」
   （A）環境幽靜
   （B）空氣清新
   （C）獨門獨院
   （D）裝潢雅緻

9. 下列籤詩，何者最能暗合作者心意？（佳宜）「生活應用」
   （A）欲去長江水闊茫，前途未遂運未通，如今絲綸常在手，只恐魚水不相逢
   （B）太公家業八十成，月出光輝四海明，命內自然逢大吉，茅屋中間百事亨
   （C）花開結子一半枯，可惜今年汝虛度，漸漸日落西山去，勸君不用向前途
   （D）一重江水一重山，誰知此去路又難，任他改求終不過，是非終久未得安

參考答案

1	2	3	4	5	6	7	8	9	
(D)	(A)	(A)	(B)	(A)	(B)	(A)	(D)	(B)	

第十一課　謝天

一、主題結構（此課分類意義段很難，要多花時間處理）

自然段	重點
1	外國謝飯情境
2	我的尷尬經驗
3	我認為謝飯只是習慣
4	我感情產生巨浪
5	回憶祖母謝天
6	我認為老天爺多餘落伍
7	我謝祖父母不謝天
8	不謝天是我的生活哲學
9	感情巨浪後我開始反思
10	祖父母辛苦工作為何謝天
11	迷惑謝天的原因
12	讀愛因斯坦的書對謝天有領悟
13	介紹愛因斯坦書的內容

自然段	重點
14	在書中發現的現象－愛因斯坦不居功
15	例子說明愛因斯坦不居功
16	例子說明愛因斯坦不居功
17	連接謝天、謝友人，體悟謝天的真義是功成不居
18	工作中體悟到功成不居的原因是自己貢獻渺小
19	功成不居才能對別人有貢獻

自然段	1-3	4	5-8
意義段	一	二	三
統整重點	外國謝飯經驗	感情翻起巨浪－情境	感情翻起巨浪－謝天謝飯聯想
自然段	9-11	12-17	18-19
意義段	四	五	六
統整重點	感情翻起巨浪－反思為何謝天	體悟謝天真義是功成不居	覺悟功成不居是因為貢獻渺小

自然段	1-3	4	5-8
統整主題	題目：謝天 主題：謝天內涵的體悟（對天的認識由迷信偶像的不科學，轉為功成不居的謙卑） 主題重要性：藉由自我的反思，增進生命成長 寫作目的：分享自己對謝天（功成不居）的體悟（人的關懷）		
統整表述方式	借事寫人－心態的轉變過程 寫人：由不謝天轉為謝天的體悟 寫事：由謝飯而感情巨浪，由感情巨浪而反思為何謝天，由反思而在閱讀「我所看見的世界」時領悟功成不居，由為何功成不居而反思生活，由反思而覺悟得之於人太多出於己太少，對謝天有更進一層的領悟		

統整文章脈絡	謝天			
	外國謝飯	內心巨浪	領悟謝天	覺悟謝天的原因
	不謝飯	反思為何謝天	謝天是不居功	自己貢獻渺小

二、文類知識

（一）理解文類

1. 說明「謝天」有關作者經驗、想法、感受的內容。

項目	內容
經驗	外國謝飯、祖母謝天、外國祖母謝飯
想法	為何不謝天、為何謝天；愛因斯坦功成不居；為何功成不居
感受	感情翻起滔天巨浪

三、表層理解與深層分析

意義段一

（一）理解表層訊息

內容	重點
（1）常到外國朋友家吃飯。……並歡迎客人的到來。	外國謝飯風俗
（2）我剛到美國時，……，就開動了。	先開動的尷尬經驗
（3）以後凡到朋友家吃飯時，……也沒有太大的關係。	不在乎謝飯的風俗

意義段二

（一）理解表層訊息

內容	重點
（4）前年有一次，我又是到一家去吃飯。而這次卻是由主人家的祖……情感翻起滔天巨浪來。	巨浪的情境－外國老祖母謝飯
（5）（我想起）在小時候，……，老天爺就不給咱們飯了。」	巨浪的聯想－ 1.回想兒時經驗－祖母謝天
（6）（當時）剛上小學的我，……，又落伍的。	2.兒時認為老天爺是落伍多餘
（7）不過，……，不必感謝渺茫的老天爺。	3.兒時謝祖父母不謝天
（8）這種想法……哲學中過去了。	4.謝祖父母不謝天的處世哲學
（9）我在這個外國家庭晚飯後，……，我想起一串很奇怪的現象。	5.統整前面例子的關係
（10）祖父每年……，而我為什麼卻不感謝老天爺？	巨浪的反思－祖母為何謝天，我為何不謝天
（11）這種奇怪的心理狀態，一直是我心中的一個謎。	迷惑－祖母為何謝天

（二）統整文章要點

1. 統整「作者感情翻起滔天巨浪」的情境、聯想與反思。

情境	聯想	反思
外國老祖母謝飯	祖母謝天的叮嚀，自己不謝天的態度	老祖母及外國家庭，始終虔誠感謝上天的賜予，自己為何始終不曾想過要謝天

（三）推論解釋深層訊息

1. 「這種奇怪的心理狀態，一直是我心中的一個謎。」中，「心理狀態」是指什麼？解釋作者不能理解它的原因。

心理狀態	原因
始終不曾想過要感謝天	作者認為天就是迷信落伍的偶像崇拜，與他所遵行的科學精神違背，所以不謝天

2. 「我忽然覺得我平靜如水的情感翻起滔天巨浪來。」這句話在閱讀時，是否引起你的注意？解釋作者使用什麼寫作技巧？它的目的是什麼？

意見	寫作技巧	目的
有 沒有	誇飾	提醒讀者注意文章重點

意義段三

（一）理解表層訊息

內容	重點
（12）一直到前年，……，得到了新的領悟。	愛因斯坦的書－我所看見的世界，幫助我解惑
（13）這是一本非科學性的文集，……，他所發表的談話。	介紹書的特質
（14）我在讀這本書時，……，而與愛因斯坦本人不太相干似的。	發現愛因斯坦不居功的精神
（15）就連那篇……，貝索的時相討論。	舉例說明愛因斯坦不居功的精神
（16）其他的文章……，科學史中是少見的。	舉例說明愛因斯坦不居功的精神
（17）我就想，……，像我祖母之於我家。	領悟謝天，謝友人原來都是一種不居功的精神

（二）統整文章要點

1. 統整「我所看見的世界」的內容。

作者	愛因斯坦
內容	生活談話集
愛因斯坦特質	不居功
例子	貢獻來自他人 相對論來自貝索討論
陳之藩體悟	謝天、謝飯、謝友人，都只是一種形式，用這些形式表達大功不居的謙卑

意義段六

（一）理解句子

1. 詮釋「於是，創業的人都會自然而然地想到上天，而敗家的人卻無時不想到自己。」的涵義。

語詞	涵義
創業的人	對別人有貢獻的人
敗家的人	對別人沒有貢獻的人

因為	所以
心懷謙卑不敢居功	成為對別人有貢獻的人
驕傲自大、自以為是（自己是小孩時，學一點破除迷信的皮毛，就自以為是不謝天）	成為對別人沒有貢獻的人

（二）理解表層訊息

內容	重點
（18）幾年來自己的奔波，……，越是感覺自己的貢獻之渺小。	1. 領悟後回顧生活經驗，覺悟祖母愛因斯坦大功不居的原因 2. 原因－做任何事都需要很多幫忙，自己能貢獻的其實很少，所以不敢居功
（19）於是，……無時不想到自己。	對別人有貢獻的人都能謙虛不居功

（三）統整文章要點

1. 統整工作有貢獻，需要哪些最基本的幫助。這些幫忙如何與謝祖父母、謝友人、謝天產生連接。

項目	有形	無形	連接
幫忙1	先人遺產	先人遺愛	謝祖父母（具體）
幫忙2	眾人合作	眾人支持	謝友人（具體）
幫忙3		機會	謝天（抽象）

2. 統整本文例子的作用。

例子	說明
1.外國謝飯經驗	不謝飯心態
2.兒時祖母謝天	不謝天心態
3.外國祖母謝飯	反思祖母為何謝天，我為何不謝天
4.閱讀我所看見的世界	領悟謝天深意是功成不居
5.研究成果的反思	覺悟自己貢獻渺小，所以必須謝天

（四）推論解釋深層內容

1. 作者由不謝天而謝天，你認為他最大的成長是什麼？並舉例文中證據，支持看法。

項目	內容
作者成長	將幫忙自己的範圍由小變大，由具體擴大成抽象，顯示他的心態愈來愈謙虛
支持證據	小時候只感謝祖父母 長大後領悟對別人有一點貢獻，要感謝先人、眾人、機會，因為要感謝的太多所以用謝天概括

2. 本文敘述人物的重點是什麼？用何種寫作技巧提醒讀者注意？你認為這個技巧是否達到他的目的？並進一步解釋原因。

項目	內容
重點	說明自己由不謝天到謝天的轉變
寫作技巧	誇飾 我忽然覺得我平靜如水的情感翻起滔天巨浪來
意見	有 無 提醒作用
原因	

（五）分析寫作技巧

1. 分析本文借事寫人中，「寫事與寫人」的技巧。

項目	內容	
1.寫事順序	過去外國小孩謝飯→前年外國祖母謝飯→回憶祖母謝天→閱讀我所知道的世界→反思研究成就→謝天的深層體會	
2.寫事細節	在事的每個環節，說明內在心情	
3.寫人技巧	a.誇飾	「感情翻起滔天巨浪」的誇飾，強調心情的轉折

參考

順序	細節（內在心情）
過去外國小孩謝飯	認為只是形式
前年外國祖母謝飯	感情翻起巨浪
回憶祖母謝天	反思為何不謝天
閱讀〈我所知道的世界〉	體悟功成不居
反思研究成就	覺悟自己貢獻有限
謝天深層體會	謝天不是迷信是謙虛不居功的態度

四、批判評論

（一）表達意見說明理由

1. 說明「多少年，就在這種哲學中過去了」，「這種哲學」是指什麼？你認為這樣的心態好不好？並進一步說明理由。

哲學	意見	理由
老天爺也者，我覺得是既多餘，又落伍的 我感謝面前的祖父母，不必感謝渺茫的老天爺	好 不好	

五、應用練習

1. 將下列句型，改為直述句與疑問句。

句型	疑問句	直述句
我就想，如此大功而竟不居，為什麼？像愛因斯坦之於相對論，像我祖母之於我家。	為什麼愛因斯坦對相對論及祖母對我家都具有大功不居的精神？	愛因斯坦對相對論及祖母對我家，都具有大功不居的精神。

2. 利用下列句型，說明自己的某種體悟。

幾年來⋯⋯，才有了一種新的覺悟：無論什麼事，不是⋯⋯，即是⋯⋯，還要⋯⋯。越是⋯⋯，越是⋯⋯。

3. 簡述作者由不謝天而謝天的過程。

謝祖父母但不謝天 → 反思為何不謝天 → 領悟謝天是謙虛不居功的精神 → 體悟謝天的原因是自己對成就貢獻渺小，要感謝的太多了，就謝天罷。

4. 描述生活中一件經由反思而成長的經驗。

六、學習成果評量

1. 作者「平靜如水的情感，翻起滔天巨浪來」是因為他開始注意哪件事？（鐩倫）「深層分析」
(A) 為何自己不懂得要謝天
(B) 如何遵守西方用餐禮儀
(C) 為何西方老祖母要謝飯
(D) 如何體會祖父母的恩情

2. 作者童年時認為：「不必感謝渺茫的老天爺。」當時他的理由是：（佳宜）「表層理解」
(A) 天公不做美，使祖父總是在風雨裡耕作
(B) 「老天爺」只是一種宗教性的偶像崇拜，多餘又落伍
(C) 飯前感謝上天，不過是一種風俗儀式罷了
(D) 周倉和關平的神像不能保佑田裡的麥穗有好收成

3. 作者說：「我在這個外國家庭晚飯後，由於這位外國老太太，我想起我的兒時。」下列何者不是引發作者回憶的因素？（佳宜）「深層分析」
(A) 老太太謝飯的虔誠姿態
(B) 音樂燭光鮮花的浪漫情境
(C) 老人家頭髮雪白的蒼老面貌
(D) 家人一起吃飯的溫暖氣氛

4. 下列何者與作者領悟「謝天」沒有關係？（鐩倫）「深層分析」
(A) 祖父在風雨裡的咬牙
(B) 外國祖母謝飯的聯想
(C) 閱讀他人經驗的啟發
(D) 研究工作實踐的體會

5. 「創業的人都會自然而然的想到上天，而敗家的人卻無時不想到自己。」選項所舉的例子，何者<u>不屬於</u>「創業的人」？（佳宜）「表層理解」
　（A）建立家業的祖父母
　（B）獲得諾貝爾物理學獎的愛因斯坦
　（C）混吃混喝的小孩
　（D）有了學術貢獻後的自己

6. 作者由「不謝天」而「謝天」，「謝天」主要的含意是什麼？（佳宜）「主題結構」
　（A）對一切成就充滿感恩的心
　（B）對愛因斯坦的成就充滿敬意
　（C）對西方的飯桌禮儀滿懷感激
　（D）對關平周倉的神像滿懷敬畏

7. 作者由不謝天轉變為謝天，最關鍵的轉變時間，發生在……。「深層內容」
　（A）到外國友人家共進晚餐　　（B）小時候全家圍著圓桌吃飯
　（C）閱讀《我所看見的世界》　　（D）撰寫學術文章對社會有貢獻

8. 作者安排外國友人謝飯，作為文章開場的場景，何者不是他的寫作目的？「深層內容」
　（A）比較中西不同的餐桌禮儀
　（B）對比自己仍不懂得謝天
　（C）呼應下文祖母珍惜糧食
　（D）逐步展開由謝飯、謝友人、謝天的思考

9. 閱讀下列項目，並依照事件實際發生時間的順序，排列作者由不謝天而謝天的過程。「組織結構」
　甲、體悟工作成就自己貢獻極少
　乙、只感謝祖父母不感謝天
　丙、感情翻起滔天巨浪
　丁、體悟謝天原來是功成不居
　（A）乙丙丁甲　（B）乙丁甲丙　（C）丙甲乙丁　（D）丙丁乙甲

參考答案

1	2	3	4	5	6	7	8	9	
(A)	(B)	(B)	(A)	(C)	(A)	(C)	(A)	(A)	

第十二課　西北雨

一、主題結構

自然段	1	2	3	4	5
重點	生活概況	烏雲密佈的戲劇性	躲避閃電的原因	大雨與地質	雨過天青

自然段	1	2	3	4	5
意義段	一	二	三	四	五
統整重點	生活概況	烏雲密布的戲劇性	躲避閃電的原因	大雨與地質	雨過天青
統整主題	題目：西北雨 主題：描述遭遇西北雨的過程及過去的經驗 主題重要性：深刻體會生活中的偶然事件 寫作目的：說明西北雨的遭遇及對自然的敬畏與土地的熱愛（景的關懷）				
統整表述方式	借景抒情 景：西北雨由烏雲而閃電而大雨而天青的過程與內容 情：對自然的敬畏與土地的熱愛				

統整文章脈絡	西北雨				
	生活	西北雨			
		烏雲	閃電	大雨	天青
		景象感受	原因現象	景象感受	

二、文類知識

（一）理解文類

1. 舉例文中內容，說明「西北雨」具有鄉土散文的特色。

（空白框）

三、表層理解與深層分析

意義段一

（一）理解表層訊息

內容	摘要重點
（1）摘了一整天的番薯蒂。	生活概述

意義段二

（一）理解句子

1. 「閃電纏身，霹靂壓頂」：閃電、霹靂在附近肆虐。

（二）理解表層訊息

內容	摘要重點
（2）下午大雨滂沱，……。你說這是戲劇不是戲劇？	1. 忽然下起西北雨的突然 2. 烏雲密布情景 3. 過去驚恐的經驗 4. 由天晴忽然烏雲密布的戲劇性，聯想西北雨的戲劇性 5. 西北雨的戲劇性

（三）統整文章要點

1. 排列西北雨過程的先後順序。

烏雲密佈→閃電霹靂→大雨滂沱→雨過天青

2. 統整西北雨的戲劇性。

項目	戲劇性特質	戲劇幕次	劇目
內容	時間短 變化多 節奏緊湊	四幕	烏雲密布 雷聲閃電 大雨滂沱 雨過天青

（四）組織次脈絡

烏雲	
景象	感受
滿天黑怪	西北雨的戲劇性
	烏雲　閃電　大雨　天青

（五）推論解釋深層內容

1. 推論作者描寫烏雲，卻加入「大自然像戲劇」一段的寓意？

真實情況	寓意
天氣晴朗忽然烏雲密布	由天氣變化快速，聯想變化富戲劇性 戲劇性必須集中描寫才能顯示時間短，變化快的特質

2. 推論作者加入荒野經驗的寓意？

在自家附近碰到西北雨，心情很鎮定，無法彰顯示自然的威力，所以回溯過去面對荒野的經驗，表達對大自然威力的敬畏

3. 作者摘蕃薯蒂忽然天昏地暗，這時他感到驚恐嗎？並舉例證據支持你的看法。

看法	證據
不驚恐	作者等到閃電霹靂才躲入屋子

（六）分析寫作技巧

1. 分析「烏雲」一段的寫景技巧。

寫景技巧	內容
a.具象描寫	黑壓壓的，滿天烏雲，盤旋著，自上而下，直要捲到地面
b.譬喻	只覺滿天無數黑怪，張牙舞爪，盡向地面攫來
c.感受	膽破魂奪

2. 分析「大自然像戲劇」一段，有關戲劇性與感受的寫作技巧。

寫景技巧	內容
a.句法	強調時間短，變化快的戲劇性 正當……接著……再接著……轉眼
b.誇飾	感受 膽已破魂已奪之際，……氣脫委頓，匍匐不能起的
c.對比	感受 滿天無數黑怪，張牙舞爪，盡向地面攫來，四顧無人，又全無遮蔽，大野中，孤伶伶的一個人

意義段三

（一）理解表層訊息

內容	摘要重點
（3）因為是在家屋附近，……，定立時被劈殺。	1. 未立刻逃入屋中的原因 2. 躲避原因 3. 具體描述閃電霹靂威力

1. 說明作者躲避閃電霹靂的原因？

此時它是無敵的大主宰，任何人都不能不懾服。

（二）統整次脈絡

閃電霹靂	
躲避原因	景象

（三）推論解釋深層內容

1. 解釋作者摘蕃薯蒂時，對烏雲滿天的態度是什麼？並舉例文中證據，支持看法？

看法	證據
敬畏但從容不迫	直待到閃電與霹靂左右夾擊，前後合攻，我才逃進屋裡

2. 解釋「牛群在原野上狂奔，羊群在哀哀慘叫，樹木在盡力縮矮」一段是作者的想像，還是具體的描寫？並舉例文中證據，支持看法？

看法	證據
想像	住家附近不可能看到這樣的景色

（四）分析寫作技巧

1. 分析作者描寫「閃電霹靂」的寫景技巧？

寫景技巧	內容
a.烘托	牛群在原野上狂奔，羊群在哀哀慘叫，樹木在盡力縮矮

意義段四

（一）句子

1. 說明「但是本地原是山洪沖積成的沙石層，滲水極快，無論多大多長久的雨，縱使雨中行潦川流，雨一停，便全部滲入地下」的句法結構。

因為	所以
但是本地（因為）是山洪沖積成的沙石層	（所以）滲水極快
（因為滲水極快）	（所以）無論多大多長久的雨，（即使像行潦川流這樣大）（只要）雨一停，便全部滲入地下

（二）理解表層訊息

內容	摘要重點
（4）一場為時一小時的大西北雨，……，而不喜歡外邊水田田莊的理由。	1. 大雨的樣貌－雨勢、雨形、雨勢 2. 感受

1. 說明作者喜歡自家旱地的原因。

大雨後乾淨清爽不沾泥帶水。

（三）統整文章要點

1. 統整作者對大雨的描寫。

項目	內容
雨量	好像天上的水壩在洩洪似的，是整個倒下來
雨形	每一雨粒，大概最小還有拇指大
雨勢	竹葉笠會被打穿，沒有蓑衣遮蔽，一定被打得遍體發紅

（四）統整次脈絡

大雨	
景象	旱地感受
雨量 雨形 雨勢	乾淨清爽

（五）分析寫作技巧

1. 分析「大雨」的寫景技巧。

寫景技巧	內容
a.烘托	像這樣大的雨粒，竹葉笠是要被打穿的，沒有蓑衣遮蔽，一定被打得遍體發紅

意義段五

（一）理解表層訊息

內容	摘要重點
（5）終於雷聲愈來愈遠，......牧羊人之歌。	1. 雨過天青的景象 遠、近，視覺、聽覺、嗅覺，感受

1. 作者用「貝多芬田園交響曲第四樂章牧羊人之歌」形容什麼？

太陽又出來了，大地一片清新的空氣、鮮潔的色彩。

（二）統整次脈絡

天青	
景象	感受

（三）推論解釋深層內容

1. 解釋作者在文中表達哪些感受，並舉例文中證據，支持看法。

感受	證據
熱愛居住的土地	出得門來，走在堅硬的庭面路上，一點兒也不沾泥帶水；這是我酷愛這一帶旱地，而不喜歡外邊水田田莊的理由 太陽又出來了，一片清新的空氣、鮮潔的色彩，彷彿聽見了貝多芬田園交響曲第四樂章牧羊人之歌
敬畏自然	只覺滿天無數黑怪，張牙舞爪，盡向地面攫來。四顧無人，又全無遮蔽，大野中，孤伶伶的一個人，不由膽破魂奪
讚美自然	你說這是戲劇不是戲劇？

（四）分析寫作技巧

1. 分析「雨過天青」一段的寫景技巧。

寫作技巧	內容
譬喻	貝多芬田園交響曲第四樂章牧羊人之歌
視覺	電光只在遙遙的天邊橫掃 鮮潔的色彩
聽覺	雷聲愈來愈遠
嗅覺	一片清新的空氣

四、批判評論

（一）表達意見說明理由

1. 作者用「貝多芬田園交響曲第四樂章牧羊人之歌」，形容大西北雨過後，大地一片清新的空氣與鮮潔的色彩。你認為歌聲的譬喻是否有助於你對景物的想像與了解，並進一步說明理由。

意見	理由
有幫助 / 沒有幫助	

2. 閱讀下列三段描寫雨過天青的短文，選擇你喜歡哪一段，
　　並進一步說明理由。

意見	理由
轉眼雨過天青，太陽又探出了雲端，樹葉上、草上閃爍著無邊亮晶晶的水珠。	
終於雷聲愈來愈遠，電光只在遙遙的天邊橫掃。太陽又出來了，一片清新的空氣、鮮潔的色彩，彷彿聽見了貝多芬田園交響曲第四樂章牧羊人之歌	
須臾，濃雲密布，一陣大雨過了，那黑雲邊上鑲著白雲，漸漸散去，透出一派日光來，照耀得滿湖通紅。湖邊山上，青一塊，紫一塊，綠一塊；樹枝上都像水洗過一番的，尤其綠得可愛。湖裡有十來枝荷花，苞子上清水滴滴，荷葉上水珠滾來滾去	

五、應用練習

1. 利用下列句型，寫一段對某物三層次的描寫。

> 天昏地暗，抬頭一看，黑壓壓的，滿天烏雲，盤旋著，自上而下，直要捲到地面。這種情況，在荒野中遇到幾回。只覺滿天無數黑怪，張牙舞爪，盡向地面攫來。四顧無人，又全無遮蔽，大野中，孤伶伶的一個人，不由膽破魂奪。

具體描寫	比喻	感受

2. 利用下列句型，敘述一段時間短暫但變化迅速的經歷。

> 正當人們籠罩在這樣恐怖的景象中，膽已破魂已奪之際，接著便是閃電纏身，霹靂壓頂，在荒野中的人，此時沒有一個不是被震懾得氣脫委頓，匍匐不能起的。好在再接著便是大雨滂沱，再看不見滿天張牙舞爪的黑怪，而閃電與霹靂雖仍肆虐不已，卻多少為雨勢所遮掩，於是匍匐在地的失魂者，便在雨水的不斷澆淋下，漸漸地蘇醒，而閃光與雷聲也愈來愈遠，轉眼雨過天青，太陽又探出了雲端，樹葉上、草上閃爍著無邊亮晶晶的水珠，一場大西北雨便這樣過去了。

正當	接著	好在接著	轉眼

3. 閱讀下文，想想看有哪些地方文意不夠清晰？應如何修改？

> 一場為時一小時的大西北雨，到底下了幾公釐的水，雖然沒做過實驗，只覺好像天上的水壩在洩洪似的，是整個倒下來的。每一雨粒，大概最小還有拇指大，像這樣大的雨粒，竹葉笠是要被打穿的，沒有蓑衣遮蔽，一定被打得遍體發紅。但是本地原是山洪沖積成的沙石層，滲水極快，無論多大多長久的雨，縱使雨中行潦川流，雨一停，便全部滲入地下，登時又見灰白色的石灰地質，乾淨清爽，出得門來，走在堅硬的庭面路上，一點兒也不沾泥帶水；這是我酷愛這一帶旱地，而不喜歡外邊水田田莊的理由。

> 整個段落主要表達兩個重點：
>
> 1. 雨量很多、雨勢很大。
> 2. 旱地有不淹水的好處。

修改（佳宜）

> 　　一場為時一小時的大西北雨，到底下了幾公釐的水，並沒做過實驗，只覺雨多得像天上的水壩在洩洪，是整個倒下來的。它的雨粒，大概最小還有拇指大，像這樣大的雨粒，竹葉笠是要被打穿的，沒有蓑衣遮蔽，一定被打得遍體發紅。雖然雨量很多、雨勢很大，但是本地原是山洪沖積成的沙石層，滲水極快，所以無論多大多長久的雨，雨一停，便全部滲入地下，登時又見灰白色的石灰地質，乾淨清爽。此時如果出門，走在堅硬的庭面路上，一點兒也不沾泥帶水；這是我酷愛這一帶旱地，而不喜歡外邊水田田莊的理由。

修改說明

1. 一場為時一小時的大西北雨，到底下了幾公釐的水→提出雨量到底有多少的問題。
2. （雖然）沒做過實驗→自己未做實驗。（說明事實）
3. （但是感覺）只覺（雨多得像）天上的水壩在洩洪似的，是整個倒下來的。→憑感覺驗證雨量很多。
4. 每一雨粒，大概最小還有拇指大，像這樣大的雨粒，竹葉笠是要被打穿的，沒有蓑衣遮蔽，一定被打得遍體發紅→憑視覺、觸覺的感官驗證雨勢很大。
5. （雖然雨量很多、雨勢很大）但是本地原是山洪沖積成的沙石層，滲水極快，（所以）無論多大多長久的雨，（縱使是雨中行潦川流），雨一停，便全部滲入地下，登時又見灰白色的石灰地質，乾淨清爽→但是不會淹水。
6. 「縱使雨中行潦川流」加強說明雨勢大的現象，但較繁冗建議刪去。
7. 出得門來，無法判斷是事實還是假設，所以改為「此時如果出門」。

4. 利用視覺、聽覺、嗅覺及烘托，描寫一段周圍的景色。

六、學習成果評量

1. 作者把大雨前的滿天烏雲，比喻成戲劇中的......？（鍰倫）「表層理解」
   （A）序幕　　（B）發展　　（C）轉折　　（D）尾聲

2. 當天下午，作者看見烏雲後的行動是什麼？（佳宜）「基層理解」
   （A）仍趕著摘番薯蒂　　　　（B）嚇得膽破魂奪
   （C）欣賞草上水珠　　　　　（D）趕緊逃進屋裡

3. 冠冠國中要進行〈西北雨〉音樂劇公演，但節目單上第二幕「雷電交加」的劇目卻漏印了配樂說明，你認為補上哪段配樂較合適？（鍰倫）「深層分析」
   （A）從容的快板，由三種木管樂器（長笛、雙簧管、豎笛）呈現輕快的主題
   （B）行板，先由低音管吹出沈穩寬厚，再以小、中和大提琴緩緩奏出三連音
   （C）快板，小提琴和鋼琴合奏三拍子的圓舞曲、詼諧曲
   （D）快板，使用低音提琴的顫音再加上短笛尖銳的呼嘯

4. 在烏雲密布、雷霆霹靂的敘述中，作者抒發了人對自然的何種態度？（鍰倫）「表層理解」
   （A）對立衝突（B）和諧愉悅（C）恐懼敬畏（D）抗拒排斥

5. 下列何者不是作者將西北雨比喻為戲劇的原因？（鍰倫）「表層理解」
   （A）節奏緊湊　　　　　（B）表演時間短暫
   （C）上場角色眾多　　　　　（D）變化快速

6. 下列描述西北雨的句子，何者沒有使用「擬人」的寫作技巧？（鍰倫）「表層理解」
   （A）羊群在哀哀慘叫，樹木在盡力縮矮
   （B）直待到閃電與霹靂左右夾擊，前後合攻
   （C）而閃光與雷聲也愈來愈遠，轉眼雨過天青
   （D）滿天無數黑怪，張牙舞爪，盡向地面攫來

7. 下圖何者最符合文中所描述的「西北雨」？（鍰倫）「深層分析」

（A）氣流遇到山地，沿坡爬升，水汽凝結在迎風坡降雨	（B）冷、暖空氣相會時，冷空氣沉入暖空氣下方，使暖空氣爬升凝結成雨

（C）空氣受強烈日照膨脹上升，凝結成雨，雨滴傾盆急降，且雷電交加	（D）氣旋中心附近氣流上升，引起水氣凝結而形成降雨
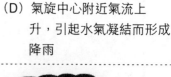	

8. 作者描述的西北雨過程，依序是：（佳宜）「主題結構」

（A）乙戊甲丁　（B）己甲丁戊　（C）甲戊丙己　（D）甲乙戊丁

9. 口語中常出現「重覆囉嗦」的瑕疵，如：「他們多次反覆實驗新的作法」，「多次」與「反覆」是一樣的意思，應刪去其一。下列文句，何者犯了相同的毛病？（佳宜）「基層理解」
（A）抬頭一看，黑壓壓的，滿天烏雲，盤旋著，自上而下，直要捲到地面
（B）像今天這種大西北雨的序幕前奏，可名為惡魔與妖巫之出世
（C）好在再接著便是大雨滂沱，再看不見滿天張牙舞爪的黑怪
（D）直待到閃電與霹靂左右夾擊，前後合攻，我才逃進屋裡

10. 下列語詞的涵義，何者兩兩相近？「表層理解」
（A）近在咫尺／走避不及　　（B）膽破魂奪／氣脫委頓
（C）大雨滂沱／行潦川流　　（D）閃電纏身／霹靂壓頂

11. 閃電纏身，霹靂壓頂時，作者人在哪裡？「表層理解」
（A）蕃薯田　（B）荒野中　（C）自己家裡（D）庭面路上

12. 作者認為西北雨像戲劇的主要原因是什麼？「表層理解」
（A）西北雨來的快去的快
（B）西北雨讓失魂者逐漸甦醒
（C）西北雨有很多張牙舞爪的妖怪
（D）西北雨的序曲是惡魔與妖巫出世

13. 作者用哪句話抒發他喜愛家鄉的豐富感情？「表層理解」
（A）終於雷聲愈來愈遠，電光只在遙遙的天邊橫掃
（B）彷彿聽見貝多芬田園交響曲第四樂章牧羊人之歌
（C）這是我酷愛這一帶旱地，而不喜歡外面水田田莊的原因
（D）石灰地質乾淨清爽，走在堅硬的庭面路上，一點兒也不沾泥帶水

14.「抬頭一看，黑壓壓的，滿天烏雲，盤旋著，自上而下，直要捲到地面。這種情況，在荒野中遇到幾回。只覺滿天無數黑怪，張牙舞爪，盡向地面攫來。四顧無人，又全無遮蔽，大野中，孤伶伶的一個人，不由膽破魂奪。」作者對烏雲的描寫，應用何種寫作技巧？「深層分析」
（A）先寫烏雲的景象，再寫心中的想像
（B）先寫心中的感受，再寫心中的想像
（C）先寫心中的感受，再寫烏雲的景象
（D）先寫心中的想像，再寫烏雲的景象

15. 作者使用「牛群在原野上狂奔......」三個排比句，主要的目的是什麼？「深層分析」
（A）強調閃電霹靂的威力　　（B）說明西北雨的破壞力
（C）凸顯牛羊樹木的悲慘遭遇（D）介紹英雄宰殺萬物的情景

16.「雖然沒做過『實驗』」一句中，作者想做「實驗」的目的是什麼？（佳宜）「基層理解」
（A）估算降雨的時間　　　　（B）測量雨量的多寡
（C）測試水壩的功能　　　　（D）丈量降雨的範圍

17. 有關「西北雨」的說明，何者正確？「表層理解」
 （A）庭面路上堅硬清爽是因為泥地容易沾泥帶水
 （B）西北雨瞬間落下來的驚人雨勢就像大壩洩洪
 （C）地面行潦川流是因為土地由石灰地質所構成
 （D）遇見拇指大的雨粒，戴上竹葉笠才能避免皮膚遍體發紅

18. 在荒野中遇見西北雨，情緒變化的順序是什麼？「主題結構」
 （A）膽破魂奪→匍匐不起→漸次甦醒→恢復生機
 （B）膽破魂奪→漸次甦醒→恢復生機→匍匐不起
 （C）烏雲密布→閃電霹靂→大雨滂沱→雨過天青
 （D）雨過天青→烏雲密布→大雨滂沱→閃電霹靂

參考答案

1	2	3	4	5	6	7	8	9	10
(A)	(A)	(D)	(C)	(C)	(C)	(C)	(D)	(B)	(B)

11	12	13	14	15	16	17	18		
(C)	(A)	(B)	(A)	(A)	(B)	(B)	(A)		

第十三課　王冕的少年時代

一、主題結構

自然段	1	2-4	5	6
意義段	一	二	五	六
統整重點	介紹王冕	王冕放牛原因、工作內容、生涯規劃	王冕觀荷天候變化雨後美景	王冕畫荷如何烘托畫的好
統整主題	題目：王冕的少年時代 主題：王冕嶔崎磊落的行為 主題重要性：反思如何 寫作目的：寄託作者心中讀書人的理想人格（人的關懷）			
統整表述方式	借事寫人 寫事：家中困境、放牛讀書、欣賞雨後天青的荷花、練習畫荷、成為畫荷名家 寫人：王冕、母親、秦老的人格特質			
統整文章脈絡	王冕少年時代			
	身份	放牛	觀荷	畫荷
		原因 工作 規劃	變化 美景 水滴	經過 特色 維生

二、文類知識

（一）認識文類

1. 認識小說特質。

項目	內容
形式	不押韻
內容	情節虛構，寫別人的故事；以我（虛構不是作者）、或第三者敘述；用對話、行為寫虛構人物的經驗、感受、特質

2. 認識散文特質。

項目	內容
形式	不押韻
內容	直接寫出作者對文中人、事、物的感受或想法；情節真實，寫作者個人的經驗

（二）理解文類

1. 說明〈王冕的少年時代〉，有關敘述視角、人物感受的內容。

項目	內容
敘述視角	第三人、客觀
人物感受	何不自畫它幾枝？（王冕） 母親含著兩眼眼淚去了（王母） 只是百事勤謹些，休嫌怠慢（秦老）

三、表層理解與深層分析

意義段一

（一）理解表層訊息

內容	重點
（1）元朝末年，……到村學堂裡去讀書。	1. 人物身份的相關資料，時代、姓名、地域、家庭、評價

（二）統整文章要點

1. 統整「王冕身分」的內容。

時代	姓名	地域	家庭	家庭價值觀	人物評價
元末	王冕	諸暨縣鄉村	父親早亡母親做針黹	重視學習	嶔崎磊落

（三）推論解釋深層內容

1. 在「王冕身分」介紹中，你認為哪些資料最重要，並舉例文中證據，支持看法。

意見	證據
嶔崎磊落	文中的畫荷、自學、賣荷維生都在說明他的嶔崎磊落

意義段二

（一）理解句子

1. 詮釋「百事勤謹些，休嫌怠慢」的涵義：做事要勤快，不要讓我嫌你偷懶。
2. 詮釋「你在此須要小心，休惹人說不是；早出晚歸，免我懸念」的涵義：把工作認真做好，避免遭到責罵；每天早去晚回，認真工作，免得我擔心辜負主人。

（二）理解表層訊息

內容	摘要
（2）看看三個年頭，……，依舊可以帶幾本書去讀。」	1. 說明輟學放牛的原因 家境貧困（寡婦年歲不好）、無計可施（曾努力解決） 2. 放牛好處：解決生活難題 3. 王冕對學習的看法：學習沈悶，可以自學
（3）當夜商議定了，……，母親含著兩眼眼淚去了。	1. 放牛工作內容 地點、環境、內容、要求、待遇、叮嚀 2. 母親的懸念：把工作做好 3. 母親的感情：不忍小孩的辛苦
（4）王冕自此在秦家放牛，……，坐在柳樹蔭下看。	放牛生涯規劃： 認真工作、閒暇進修、改善生活

（三）統整文章要點

1. 統整「母親談話」的重點。

主題	商量休學放牛
語氣	委婉誠懇
剖析原因	1. 寡婦 2. 年歲不好 3. 收入有限
努力過程	典賣舊物
解決方法	休學放牛
方法優點	1. 減少學費開銷 2. 有免費餐 3. 得幾錢銀子

2. 統整「王冕談話」的重點。

主題	語氣	寬慰母親	流露自信
贊成休學放牛	體貼自信	1. 學堂很沈悶 2. 讀書不會中斷	有能力自學

3. 統整「秦老談話」的重點。

工作地點	七泖湖
工作環境	有草、有水、有樹
工作內容要求	1. 看管牛 2. 不可跑遠
工作待遇	1. 供二餐 2. 每日兩錢
工作叮嚀	看牛要勤謹，不要偷懶

4. 統整「王冕放牛」的表現。

表現	內容
工作認真	早去晚回，獲得醃魚、臘肉的肯定
閒暇進修	讀書自學
改善生活	醃魚、臘肉孝敬母親

（四）推論解釋深層訊息

1. 你認為王母是個怎樣的人？並舉例文中證據，支持看法。

意見	證據
1. 重視小孩教育	做針黹供他讀書 叮嚀要早出晚歸認真工作
2. 積極解決問題	休學放牛解決生活困境
3. 進退有禮	謝了擾、理理衣服、叮嚀
4. 慈愛	含著淚離去

2. 你認為秦老是個怎樣的人？並舉例文中證據，支持看法。

意見	證據
1. 關心體貼	留母子吃早餐 關心工作環境與工作份量 詳細說明工作應注意細節，避免犯錯 分享醃魚、臘肉

（五）分析寫作技巧

1. 分析作者描寫「次要人物性格」的寫人技巧。

項目			內容	性格
1. 寫人技巧	a.對話行為		母親對王冕的說明、謝擾、理衣服、含淚	誠懇樸實、關心小孩、看重自己、尊重別人
			秦老的留飯、分享醃魚、工作交代、工作叮嚀	寬厚體貼、樂於助人、關心員工

意義段三

（一）理解表層訊息

內容	重點
（5）彈指又過了三、四年，……我何不自畫他幾枝？」	王冕觀荷 1. 過程：濃雲、急雨、天青 2. 觀荷背景：日光透出、滿湖通紅、 3. 遠：山上風光 4. 中：樹葉 5. 近：荷－水珠 想法：自畫荷花

（二）統整文章要點

1. 組織「大雨前後」天候變化的順序。

天氣煩躁→濃雲密佈→大雨→天青→陽光透出→滿湖通紅

2. 統整「七泖湖雨後」四周的美景。

項目	遠	中	近	聚焦
內容	山上青綠紫	樹綠的可愛	荷花	水珠

（三）推論解釋深層內容

1. 「湖邊山上青一塊、紫一塊、綠一塊；樹枝上都像水洗過一番的，尤其綠得可愛。」你認為這段文字主要的顏色是什麼？青一塊、紫一塊、綠一塊與主要顏色有什麼關係？並舉例文中證據，支持看法。

主色	理由	關係	證據
綠	尤其綠的可愛	遠山以綠色為主，但因為有光及綠、紅顏色，再加上遠、近、亮、暗面的不同，所以視覺會產生色彩的變化	平常看遠山距離遠就會偏藍、紫暗面也會偏藍、紫

2. 作者是否暗示王冕具有畫家的特質？並舉例文中證據，支持看法。

意見	證據	畫家特質
有 無	1. 湖邊山上青一塊、紫一塊、綠一塊 2. 樹枝上都像水洗過一番的，尤其綠得可愛 3. 荷葉上水珠滾來滾去	1. 掌握物體明暗與色彩變化 2. 掌握色彩與光的關係 3. 掌握水珠晶瑩剔透的動態美

（四）分析寫作技巧

1. 分析作者描寫「荷花鮮嫩欲滴、飽滿豐沛」的寫物技巧。

項目		內容
1. 寫 物 技 巧	a.烘托	不直接寫荷花的外形，寫陽光、背景、寫細節（水珠），讓讀者想像在陽光下，荷花鮮嫩欲滴，色彩飽滿的動態感
	b.暗喻	光線與水珠的流動，暗示了荷花清新豐沛的生命力

意義段四

（一）理解表層訊息

內容	重點
（6）自此聚的錢不買書了，……，母親心裡也歡喜。	1. 畫荷經過－買工具、練習、熟練、共約四年 2. 畫荷特色－精神顏色無一不像、沒骨花卉名筆 3. 畫荷維生－也有拿錢來買、爭著來買、離開秦家、不愁衣食 4. 利用工作閒暇創造價值

（二）統整文章要點

1. 統整「王冕畫荷」的內容。

項目	經過	特色	維生
內容	買工具、練習、熟練、共約四年	精神顏色，無一不像；沒骨花卉名筆	也有拿錢來買、爭著來買、離開秦家、不愁衣食

2. 統整表現「王冕嶔崎磊落性格」的事件。

項目		事件	性格
1. 寫 人 技 巧	a.行為	學堂悶、可自學	獨立自信 – 嶔崎
		放牛	認真負責 – 磊落
		觀荷	清新磊落生命盎然 – 磊落
		自學畫荷	獨立自信君子之德 – 嶔崎磊落

（三）推論解釋深層內容

1. 我會解釋母親心裡也歡喜的原因，並舉例證據，支持看法。

原因	證據
1. 不愁衣食 2. 擁有一技之長備受肯定 3. 閱讀詩文 4. 不做官也能享受生活的品質	諸暨一縣，都曉得他是一個畫沒骨花卉的名筆，爭著來買。到了十七、八歲，也就不在秦家了，每日畫幾筆畫，讀古人的詩文，漸漸不愁衣食，母親心裡也歡喜

（四）分析寫作技巧

1. 分析作者描寫「畫荷栩栩如生」的寫物技巧。

項目		內容
1. 寫 物 技 巧	a.烘托	鄉間人拿錢來買，諸暨縣人爭著來買
	b.細節	精神、顏色，無一不像，只多一張紙，就像湖裡長的，像才從湖裡摘下貼在紙上

四、批判評論

（一）表達意見說明理由

1. 王冕因為家貧所以輟學放牛，但他在放牛的過程，積極為自己的人生做怎樣的規劃？你的體悟是什麼？

規劃	體悟

2. 王冕實擅長畫梅花，作者將他改為擅長畫荷花，你認為和周敦頤的〈愛蓮說〉有沒有關係？並進一步說明理由。

意見	理由
有 沒有	

3. 下列兩段敘述，閱讀後先說明你喜歡哪一段，再進一步說明理由。

甲	曲曲折折的荷塘上面，彌望的是田田的葉子。葉子出水很高，像亭亭的舞女的裙。層層的葉子中間，零星地點綴著些白花，有裊娜地開著的，有羞澀地打著朵兒的；正如一粒粒的明珠，又如碧天裡的星星，又如剛出浴美人。微風過處，送來縷縷清香，彷彿遠處高樓上渺茫的歌聲似的。這時候葉子與花也有一絲的顫動，像閃電般，霎時傳過荷塘那邊去了。葉子本是肩並肩密密地挨著，這便宛然有了一道凝碧的波浪。葉子底下是脈脈的流水，遮住了，不能見一些顏色；而葉子卻更見風致了。

乙	須臾，濃雲密布，一陣大雨過了，那黑雲邊上鑲著白雲，漸漸散去，透出一派日光來，照耀得滿湖通紅。湖邊山上，青一塊，紫一塊，綠一塊；樹枝上都像水洗過一番的，尤其綠得可愛。湖裡有十來枝荷花，苞子上清水滴滴，荷葉上水珠滾來滾去。

意見	理由
喜歡	

五、應用練習

1. 模仿下列文句，利用「由遠而近，由大而小，聚焦一點」的寫作模式，練習寫一段人或景的敘述。

> 湖邊山上，青一塊，紫一塊，綠一塊；樹枝上都像水洗過一番的，尤其綠得可愛。湖裡有十來枝荷花，苞子上清水滴滴，荷葉上水珠滾來滾去。

>

2. 模仿下列文句，利用「借旁人反應，烘托主題」的寫作模式，練習寫一段敘述。

> 鄉間人見畫得好，也有拿錢來買的。一傳兩，兩傳三，諸暨一縣，都曉得他是一個畫沒骨花卉的名筆，爭著來買。

>

3. 利用對話與行為，描寫某人的特質。

>

六、學習成果評量

1. 為什麼王冕不再將聚的錢拿去買書了，反而託人向城裡買些胭脂、鉛粉？（鍑倫）「表層理解」
   （A）孝敬母親　（B）放棄學習　　　（C）練習繪畫　（D）學做生意

2. 第一份工作的訓練，常常化成終生受用的禮物。王冕放牛的經驗無形中為自己日後成為畫沒骨花卉的名筆鋪了路，下列何者<u>不是</u>他從第一份工作中學習到的態度？（鍑倫）「深層分析」
   （A）要獲得主人的善待，必須勤奮認真
   （B）隨時留意工作環境帶給自己的啟發
   （C）只要持續努力，天下沒有學不會的事
   （D）20%的精力投注給工作，80%的心力專心進修

3. 「母親心裡也歡喜」句中「歡喜」的涵義，用什麼詞語替換最恰當？（鍑倫）「表層理解」
   （A）滿足　　（B）欣慰　　　　（C）喜歡　　（D）得意

4. 如果訪問王冕談他的創業之路，下列哪句話最有可能是王冕送給職場新人的話？（鍑倫）「生活應用」
   （A）不斷從工作中創造自己的新價值
   （B）不要對自己犯的錯找藉口，要從錯誤中去學習
   （C）我不喜歡錢，我喜歡的是賺錢
   （D）這個世界期望你先做出成績，再去強調自己的感受

5. 引發王冕學畫荷的契機是什麼？（鍑倫）「表層理解」
   （A）讀書所得體悟　　　　　　（B）秦家栽培引導
   （C）花卉名筆指點　　　　　　（D）大自然的觸發

6. 下列選項，何者<u>不能</u>凸顯王冕「嶔崎磊落」的人格特質？（佳宜）「表層理解」
   （A）善體親心，懂得孝敬母親　　（B）受雇放牛，不忘刻苦自學
   （C）學畫荷花，相信天下無難事　（D）畫荷名家，方便結交權貴

7. 下列文句，何者描寫母親對王冕的關懷與疼惜的細膩動作？（佳宜）「深層分析」
   （A）把你雇在間壁人家放牛，每月可得幾錢銀子，你又有現成飯吃
   （B）他母親謝了擾，要回家去。王冕送出門來，母親替他理理衣服
   （C）你在此須要小心，休惹人說不是；早出晚歸，免我懸念
   （D）只靠我做些針黹生活尋來的錢，如何供得你讀書

8. 下列詞語，何者用來形容秦老最為貼切？（佳宜）「表層理解」
   （A）貧而無諂　（B）富而無驕　　　（C）安貧樂道　（D）富而好禮

9. 下列關於王冕觀看荷花景致的特徵，何者說明<u>錯誤</u>？（佳宜）「表層理解」

項目	天邊	山坡	樹木	荷花上的水珠
（A）距離	最遠	次遠	中間	近處
（B）色彩	青、白、紅	青、紫、綠	深綠	暗紅
（C）高低	最高處	次高	中間	最低處
（D）大小	大、一整片	次大	小	最小

10. 國文課上，老師請同學將〈王冕的少年時代〉一文以第一人稱王冕的視角改寫成短文。下面是班上一位同學的作業，請檢查畫線處內容，哪裡<u>不符合</u>原文所述？（佳宜）「表層理解」

　　我姓王名冕，諸暨縣人。七歲上死了父親，母親做點針黹供我<u>到村學堂讀書(A)</u>。十歲時，<u>因年歲不好，柴米又貴，母親只好把我雇在間壁秦老家放牛(B)</u>，每月可得幾錢銀子，又有現成飯吃，每日還有兩個錢可買點心吃。自此我白日放牛，到黃昏才回家跟著母親歇宿。那些點心錢，我都聚著拿來向書客買舊書，逐日把牛拴了，坐在柳樹蔭下看。十三、四歲的時候，<u>有一天看見雨後湖裡的荷花可愛極了，便學著畫他幾枝(C)</u>。初時畫得不好，畫到三個月之後，那荷花精神、顏色，無一不像。一傳兩，兩傳三，諸暨一縣，都曉得我是一個畫沒骨花卉的名筆，爭著來買。<u>自此聚的錢不買書了，託人向城裡買些胭脂之類，好孝敬母親(D)</u>。到了十七、八歲，也就不在秦家了，每日畫幾筆畫，讀古人的詩文，漸漸不愁衣食，母親心裡也歡喜。

11. 「母親做點針黹供他到村學堂裡去讀書」的「針黹」，<u>不可用</u>下列何者替代？（垣先）「表層理解」
（A）縫紉　　（B）家事　　（C）女紅　　（D）針指

12. 「天下那有個學不會的事？我何不自畫他幾枝？」這句話利用反詰語氣，強調王冕何種想法？（垣先）「表層理解」
（A）從小事做起　　　　（B）多發揮創意
（C）天下無難事　　　　（D）歸零再出發

13. 作者在文中「細膩描寫雨後湖邊風光」，主要的目的是什麼？（垣先）「深層分析」
（A）暗寓作者清新美好的特質　（B）交代季節遞嬗與時光流轉
（C）暗示作者過人的畫荷技巧　（D）頌揚大自然美麗的風光

14. 「只多著一張紙，就像是湖裡長的，又像才從湖裡摘下來貼在紙上的。」這一段文字強調王冕畫荷的哪一種特色？（垣先）「表層理解」
（A）色彩繽紛（B）風姿綽約（C）晶瑩澄澈（D）生動自然

15. 文中「借事暗寓王冕特質」，下列說明何者<u>不恰當</u>？（垣先）「深層分析」
（A）輟學放牛：熱愛自然　　（B）存錢購書：勤奮向學
（C）賞荷畫荷：正直清高　　（D）秦老餽贈佳餚：工作認真

16. 「母親含著兩眼眼淚去了」的涵義，何者最<u>不可能</u>？（垣先）「表層理解」
（A）傷心秦老對王冕的要求過於苛刻
（B）擔心王冕工作怠惰招惹秦老不快
（C）不捨王冕犧牲課業耽誤學習機會
（D）心疼王冕小小年紀必須自力更生

17. 下列細節與人物性格的關係，何者說明<u>不正確</u>？（垣先）「表層理解」
（A）「王冕送出門來，母親替他理理衣服」→描寫母親的慈愛與不捨
（B）「秦老留著他母子兩個吃了早飯」→描寫秦老的親切與敦厚
（C）「王冕拿塊荷葉包了（醃魚、臘肉），回家孝敬母親」→描寫王冕的體貼與孝順
（D）「每日畫幾筆畫，讀古人的詩文，漸漸不愁衣食」→描寫王冕的善良與熱情

18.「荷花」在文中象徵意義的說明，何者最恰當？（垣先）「深層
分析」
(A) 荷生長在水塘，說明人生應如荷花隨水漂流，自然隨緣
(B) 以荷花高潔的特質，呼應「嶔崎磊落」的君子美德
(C) 王冕成為畫荷名家，可以自食其力，供養母親
(D) 荷既可觀賞又能作畫賣錢，深具實用價值

參考答案

1	2	3	4	5	6	7	8	9	10
(C)	(D)	(B)	(A)	(D)	(D)	(B)	(D)	(B)	(D)

11	12	13	14	15	16	17	17		
(B)	(C)	(A)	(D)	(A)	(A)	(D)	(B)		

第十四課　大明湖

一、主題結構

自然段	1	2
重點	旅途景色	安頓休息
自然段	3	4
重點	遊覽大明湖－歷下亭	鐵公祠外部－千佛山
自然段	5	6
重點	鐵公祠外部－大明湖	鐵公祠外部－大明湖岸蘆葦
自然段	7	8
重點	鐵公祠內部	大明湖寂寥
自然段	9	
重點	歸返鵲華橋	

自然段	1-2	3	4-7	8-9
意義段	一	二	三	四
統整重點	到達濟南	遊大明湖－出發	遊大明湖－湖光山色	遊大明湖－寂寥
統整主題	題目：大明湖 主題：大明湖湖光山色的美景 主題重要性：以獨特的審美觀，從尋常的景色發現美景 寫作目的：寫大明湖的美景並抒發個人獨特的審美觀（景的關懷）			
統整表述方式	借景抒情 寫景順序：鵲華橋→歷下亭→千佛山→大明湖→鐵公祠→古水仙祠→大明湖→鵲華橋 寫景特色：對聯、山景、湖景 抒情：審美觀虛景勝實景、重人文、在寂寥中見繁華			
統整文章脈絡	大明湖			
	到達濟南	遊覽大明湖		
		人文特質	湖光山色	湖景蕭瑟

二、表層理解與深層分析

意義段一

（一）理解表層訊息

內容	摘要重點
（1）老殘告辭動身上車，……覺得更為有趣。	1. 沿途秋景 2. 濟南風光
（2）到了小布政司街，……，也就睡了。	高陞店安頓

（二）整文章要點

1. 統整老殘一路北行的路途景致及濟南風光。

項目	內容
沿途景致	秋山紅葉，老圃黃花
濟南風光	家家泉水，戶戶垂楊

（三）統整次脈絡

大明湖			
到達濟南	遊覽大明湖		
	人文特質	湖光山色	湖景蕭瑟

（四）分析寫作技巧

1. 分析「秋山紅葉，老圃黃花」的寫景特色。

寫景特色	內容
凸顯視覺焦點	秋山紅葉，老圃黃花

意義段二

（一）理解表層訊息

內容	摘要重點
（3）次日清晨起來，……，也沒有什麼意思。	遊覽背景交代 1. 時間 2. 起點 3. 工具 4. 季節 歷下亭介紹 1. 方向 2. 距離 3. 景點：由外而內，聚焦對聯（大門、亭子、對聯）

（二）統整文章要點

1. 統整作者對遊大明湖背景的介紹。

項目	時間	工具	起點	季節
內容	下午	乘船	鵲華橋	秋

2. 統整作者對歷下亭的介紹順序。

大門→亭子→對聯→小房

3. 統整作者對對聯的介紹。

項目	內容	作者	書寫者
內容	歷下此亭古，濟南名士多	杜甫	何紹基

（三）統整次脈絡

人文特質	
遊湖背景	人文風光
時間　工具　起點　季節	歷下亭對聯

意義段三

（一）理解句子

1. 詮釋「一盞寒泉薦秋菊，三更畫舫穿藕花」－祠中的冷酒與黃菊，透露著淒清冷寂，與夏日夜半還可聽到遊湖畫舫歌聲的盛況，形成對比。

（二）理解表層訊息

內容	摘要重點
（4）復行下船，……一架數十里長的屏風。	鐵公祠 1. 人物背景：明初忠義鐵鉉 2. 濟南民風：崇尚忠義
（5）正在嘆賞不絕，……，還要清楚。	祠前風光－千佛山（遠） 1. 方向：南 2. 對象：千佛山 3. 焦點：梵宇僧樓、丹楓 4. 想像：趙千里的畫成為鐵公祠的屏風
（6）這湖的南岸，……，實在奇絕！	祠前風光－大明湖（近） 1. 對象：大明湖 2. 焦點：湖面澄淨如鏡；倒影清晰光彩比實景好看
（7）老殘心裡想道：……，三更畫舫穿藕花」。	祠前風光－湖岸蘆葦（中） 1. 對象：大明湖南岸 2. 焦點：夕陽下蘆葦如粉紅絨毯 鐵公祠介紹 1. 大門對聯 2. 鐵公享堂 3. 荷花池 4. 迴廊 5. 圓門 6. 古水仙祠對聯

（三）統整文章要點

1. 統整鐵公祠的背景。

項目	祭拜對象	事蹟	香火	民風
內容	鐵炫	明初為難燕王	鼎盛	崇尚忠義

2. 統整鐵公祠外的景物。

項目	千佛山	大明湖	蘆葦
內容	梵宇僧樓，那蒼松翠柏，丹楓，	湖面澄淨如鏡倒影清晰光彩更勝實景	白花映著帶水氣的斜陽，好似一條粉紅絨毯
聚焦	顏色光彩、景色構圖、整體美感	千佛山倒影清晰光彩	顏色、光彩

3. 統整鐵公祠內的建築格局。

項目	主殿	荷花池	古水仙祠
內容	大門、楹聯、享堂	迴廊、荷花池、圓門	破匾、舊屋、破對聯

（四）統整次脈絡

湖光山色			
千佛山	大明湖	湖岸蘆葦	鐵公祠
光影、顏色	澄淨、光彩	兩山粉紅鋪墊	建築格局

（五）推論解釋深層內容

1. 推論作者說「千佛山的美景像一架屏風」的寓意。

> 屏風是家中擺飾，用以愉悅屋中的主人。此處的屏風是鐵公祠的擺設用以愉悅鐵炫。這可能是作者選擇觀察點的巧思，也可能是鐵公祠建築者的巧思。

2. 推論「紅的火紅，白的雪白，青的靛青，綠的碧綠」的景色特質。

原色	紅	白	青	綠
加入光	火紅	雪白	靛青	碧綠

3. 論作者以「漁唱帶出千佛山倒影」之描寫的寓意？

內容	寓意
漁唱	如「桃花源記」的漁夫，帶讀者進入美好世界
倒影比實景美	虛景更勝實景的審美觀，點題大明湖之美

（六）分析寫作技巧

1. 分析「梵宇僧樓，與那蒼松翠柏，高下相間，紅的火紅，白的雪白，青的靛青，綠的碧綠。更有一株半株的丹楓夾在裡面，彷彿宋人趙千里的一幅大畫，做了一架數十里長的屏風。」的寫景技巧。

寫景技巧	內容
a.構圖	梵宇僧樓，與那蒼松翠柏，高下相間，更有一株半株的丹楓夾在裡面
b.色彩光線	紅的火紅，白的雪白，青的靛青，綠的碧綠
c.烘托	彷彿宋人趙千里的一幅大畫，做了一架數十里長的屏風

2. 分析作者描寫「大明湖湖光山色」的寫景技巧。

寫景技巧	內容
a.空間層次	遠山（千佛山）、近湖（大明湖）、中間蘆葦
b.色彩光線	紅的火紅，白的雪白，青的靛青，綠的碧綠 那千佛山的倒影映在湖裡，顯得明明白白。那樓臺樹木格外光彩，覺得比上頭的一個千佛山還要好看，還要清楚 一片白花映著帶水氣的斜陽，好似一條粉紅絨毯
c.想像	彷彿宋人趙千里的一幅大畫，做了一架數十里長的屏風

3. 分析作者描寫鐵公祠內建築格局的寫景技巧。

寫景技巧	內容
a.介紹順序	門外對聯→進入大門→鐵公享堂→荷花池→圓門→古水仙祠→祠前對聯
b.重點細節	對聯內容、方位、周邊設施

意義段四

（一）理解表層訊息

內容	摘要重點
（8）過了水仙祠，……，不斷的蹦到船窗裡面來。	1. 大明湖的秋景：荷葉初枯、水鳥受驚、蓮蓬已老
（9）老殘隨手摘了幾個蓮蓬，一面吃著，一面船已到了鵲華橋畔了。	1. 隨手摘蓮蓬的細節，顯示作者不傷秋悲春，及時行樂的豁達

（二）統整文章要點

1. 統整大明湖的秋景。

項目	內容
秋意蕭瑟	荷葉初枯、水鳥受驚、蓮蓬已老

2. 統整老殘遊大明湖的路線。

3. 統整三幅對聯的內容、位置。

項目	內容
歷下亭	歷下此亭古，濟南名士多
鐵公祠	四面荷花三面柳，一城山色半城湖
古水仙祠	一盞寒泉薦秋菊，三更畫舫穿藕花

（四）統整次脈絡

湖景蕭瑟	
湖景蕭瑟	返回原處
荷枯鳥驚蓬老	返回鵲華橋

（五）推論解釋深層內容

1. 推論作者選用三幅對聯的寓意？

內容	寓意
歷下此亭古，濟南名士多	大明湖古蹟文物多
四面荷花三面柳，一城山色半城湖	大明湖自然風光優美
一盞寒泉薦秋菊，三更畫舫穿藕花	旅遊的獨特審美觀－從從寂寥創造驚奇

2. 你認為作者對欣賞風景是否獨具「藝術之眼」，並舉例文中證據，支持看法。

看法	證據
是	荷葉初枯、水鳥受驚、蓮蓬已老 鐵公祠前遠山、近湖、蘆葦所構設的美景 作者能在鐵公祠的一隅，靜心欣賞，進而捕捉到秋天傍晚的陽光對景物色彩及湖中倒影所產生的影響，並享受這微小、短暫但深刻的感動 這顯示作者的遊山玩水，能靜心專注於常人忽略的色彩、光影等細節，用畫家的藝術之眼觀賞景物，所以即使是在沒有遊人的冷門季節，也能看見大自然的精采

3. 推論上文作者問「為何沒有遊人」的原因及寓義。

原因	寓義
根據「荷葉初枯、水鳥受驚、蓮蓬已老」，可知秋天已過賞荷旺季，所以沒有遊人	遊人往往只是一窩蜂的湊熱鬧，並沒有鑑賞品味，所以錯過如此豐富寧靜的美景

4. 推論作者以「老殘隨手摘了幾個蓮蓬，一面吃著，一面船已到了鵲華橋畔了。」一句，結束全文的寓義？

用摘蓮蓬、吃蓮子這樣尋常自然的動作，顯示作者隨遇而安的個性。也暗示作者以自然悠閒的態度面對生活的孤寂（枯荷）與絢麗（千佛山美景）。

三、批判評論

（一）比較

1. 閱讀下列兩個段落，比較他們的寫景順序、寫景內容、寫景特色的差異。

甲	須臾，濃雲密布，一陣大雨過了，那黑雲邊上鑲著白雲，漸漸散去，透出一派日光來，照耀得滿湖通紅。湖邊山上，青一塊，紫一塊，綠一塊；樹枝上都像水洗過一番的，尤其綠得可愛。湖裡有十來枝荷花，苞子上清水滴滴，荷葉上水珠滾來滾去。
乙	朝南一望，只見對面千佛山上，梵宇僧樓，與那蒼松翠柏，高下相間，紅的火紅，白的雪白，青的靛青，綠的碧綠。更有一株半株的丹楓夾在裡面，彷彿宋人趙千里的一幅大畫，做了一架數十里長的屏風。

項目	甲	乙
寫景順序	遠景、中景、近景	遠景、想像
寫景內容	山、湖、樹、花	建築、樹
寫景特色	顏色光彩、動態、由大而小逐漸聚焦、譬喻	凸顯主體、顏色光彩、想像

四、應用練習

1. 畫出鐵公祠內建築格局的空間平面圖。

2. 嘗試觀察陽光下景物產生的變化，並寫一段描寫的短文。

3. 作者對建築格局的空間，敘述的很清晰，請模仿文章的敘述方式，描寫一個空間的建築格局。

大門裡面楹柱上有副對聯，寫的是「四面荷花三面柳，一城山色半城湖」，暗暗點頭道：「真正不錯！」進了大門，正面便是鐵公享堂，朝東便是一個荷池。繞著曲折的迴廊，到了荷池東面，就是個圓門。圓門東邊有三間舊房，有個破匾，上題「古水仙祠」四個字。祠前一副破舊對聯，寫的是「一盞寒泉薦秋菊，三更畫舫穿藕花」。

五、學習成果評量

1. 「亭子旁邊雖有幾間房屋，也沒有什麼『意思』」，句中「意思」可替換為：（佳宜）「表層理解」
   （A）道理　　（B）意志　　（C）趣味　　（D）想法

2. 作者描寫「千佛山」，強調的特色是……。（佳宜）「表層理解」
   （A）著色鮮明　（B）構圖精細　（C）線條奔放　（D）潑墨寫意

3. 老殘來到鐵公祠，沒有進行下列何種活動？（佳宜）「表層理解」
   （A）遠眺南方的千佛山　　　（B）俯瞰大明湖美景
   （C）遇見絡繹不絕的香客　　（D）描述鐵公祠建築格局

4. 老殘認為千佛山的倒影比實景還要好看、還要清楚的原因是什麼？（鍰倫）「表層理解」
   （A）光彩鮮明　（B）寫實逼真　（C）色彩豐富　（D）輪廓清晰

5. 作者用「屏風」、「鏡子」、「絨毯」、「墊子」等日常器物比擬湖光山色，這樣寫的好處不包括下列何者？（佳宜）「深層分析」
   （A）風格平易近人　　　（B）描寫富麗精緻
   （C）形象生動鮮明　　　（D）遣詞口語自然

6. 老殘「暗暗點頭道：『真正不錯！』」，可見他認同對聯的哪個重點？（佳宜）「表層理解」
   （A）遊人稀少意境幽寂　　（B）對聯內容出自名家
   （C）楹柱題字書法優美　　（D）湖光山色一覽無遺

7. 下列有關古水仙祠的描述，何者正確？（鍰倫）「生活應用」
   （A）一對情侶：我們在古水仙祠合影時，可看到四面荷花三面柳的美景
   （B）旅行的小學生：穿過鐵公祠迴廊，跟隨人潮聲音，往西走就是了
   （C）失業的男子：那是我睡覺的地方，怎會不認得？就是圓門東邊的三間舊房
   （D）浪漫的攝影師：就是藏在鐵公祠後面，造型精緻適合拍婚紗的地方。

8. 老殘在鐵公祠中特別留意當中的兩副對聯，根據這兩副對聯，我們可以推論……。（鍰倫）「深層分析」
   （A）大明湖最適合夏天賞荷　（B）大明湖秋景賞菊最佳
   （C）古水仙祠冬泉冷冽　　　（D）濟南城山景勝於湖景

9. 畫家vofan擅長利用光，讓生活中尋常的事物變得精采生動，下列文句何者也具有相同的效果？（鍰倫）「生活應用」
   （A）一路秋山紅葉，老圃黃花，頗不寂寞
   （B）梵宇僧樓，與那蒼松翠柏，高下相間
   （C）家家泉水，戶戶垂楊，比那江南風景覺得更為有趣
   （D）一片白花映著帶水氣的斜陽，好似一條粉紅絨毯

10. 依文中所述，老殘適合做哪一項旅遊專案的代言人？（鍰倫）「生活應用」
    （A）跟團標準行程　　　（B）服務性遊學團
    （C）自助式背包客　　　（D）宗教漫遊巡禮

參考答案

1	2	3	4	5	6	7	8	9	10
(C)	(A)	(C)	(A)	(B)	(D)	(C)	(A)	(D)	(C)

第十五課 我所知道的康橋

一、主題結構

自然段	1		2	3	4
意義段	一		二	三	四
統整重點	初春的朝陽		春天的消息	春天的消遣	春天的夕照
統整主題	題目：我所知道的康橋 主題：康橋春日由清晨到黃昏的動人風光 主題重要性：欣賞生活周遭的美景與變化 寫作目的：描述美景，表達對康橋的歡欣、喜悅之情 （景的關懷）				
統整表述方式	借景抒情 景：康橋春日由清晨到黃昏的動人風光 情：表達對康橋的歡欣、喜悅之情				
統整文章脈絡	康橋春天				
	初春朝陽		春日消息	春日遙遙	春日夕照
	等待	來臨	河邊風光	騎車漫遊	三種美景
	大道樹林原野土阜	頃刻間描寫	地水空中變化 / 花開	一般享受 / 最好享受	西天變幻光照羊群罌粟花色彩

二、表層理解與深層分析

1. 統整全文語詞涵義。

語詞	涵義
這「朝來」水溶溶的大道	清晨
「伺候」著河上的風光	殷勤問候
瑰麗的「春假」	春天的閒暇時光
哪一處不是「坦蕩蕩」的大道	平坦筆直
帶一卷書，「走」十里路	騎
「和身」在草綿綿處尋夢去	躺在草地上
「卻上」輕輿趁晚涼	有時坐上
做地方官的「風流」	生活享受
正「衝著」一條寬廣的大道	對著
在青草裡「亭亭」地像是萬盞的金燈	閃爍

2. 統整全文擬人化的語詞。（抒情特質）

擬人化的語詞	涵義
點綴這周遭的「沉默」	寂靜
擁戴著幾處「娉婷」的尖閣	美麗瘦長
「嫵媚」的康河	引人遐思
在「靜定」的朝氣裡上騰	寂靜
晚景的「溫存」被我「偷嘗」不少	難忘的滋味 經歷

3. 統整全文特殊句法。

朝陽是難得見的，這初春的天氣	在初春的天氣中，朝陽很難看見
這春來一天有一天的消息	每天都有春來的新消息（春天的景物每天都有變化）
過來了一大群羊，放草歸來的	一大群放草歸來的羊走來
臨著一大片望不到頭的草原，滿開著豔紅的罌粟，在青草裡亭亭地像是萬盞的金燈	臨著一大片望不到頭的草原，（草原上）滿開著豔紅的罌粟，（罌粟花受陽光照射）在青草裡閃爍地像是萬盞的金燈

意義段一

（一）語詞

1. 詮釋這「朝來」水溶溶的大道：清晨

（二）句子

1. 請把你對「地形像是海裡的輕波，默沉沉的起伏」這句話的感受，畫出來。

2. 詮釋「朝陽是難得見的，這初春的天氣」：在初春的天氣中，朝陽是很難得見到的。

（三）理解表層訊息

內容	摘要重點
（1）靜極了，……漠楞楞地曙色。	大道與樹林 1. 清晨一片寧靜 2. 大道一片漆黑 3. 林子上方略見曙色
再往前走去，……沃腴的田壤。	原野 1. 近：清楚－村舍麥田 2. 中：清楚－小山 3. 遠：暗－教堂 4. 心得分享
登那土阜上望去，……在那裡回響。	土阜 1. 康橋與此處的距離 2. 高眺的視野 　　a.遠：康橋－茂林尖閣 　　b.俯瞰：村舍樹林如棋子 　　c.平視、仰視－炊煙 朝陽 春天來了

（四）統整文章要點

1. 統整作者行走的路線。

大道→樹林→原野→土阜

2. 統整炊煙的內容。

項目	形狀	速度	顏色
內容	成絲、成縷、成捲	輕、快、遲、重	濃灰、淡青、慘白

（五）統整次脈絡

初春朝陽		
等待朝陽		朝陽來臨
大道 樹林 平野 土阜	炊煙上升與祈禱	頃刻間來臨 春來了

（六）推論解釋深層內容

1. 推論「彷彿是朝來人們的祈禱，參差地翳入了天聽」一句的寫作目的？

觀察炊煙上升的景象，產生祈禱的想像，借此想像與後文的朝陽難得卻出現了，產生關聯，說明因祈禱翳入天聽，所以朝陽難得的出現了。

2. 找出文中兩處聲音的描寫，並推論作者的寫作目的。

牛奶車的鈴聲、教寺曉鐘。 在朝霧瀰漫中，用聲音表現空間的深邃感。

3. 找出文中使用擬人化的句子，並推論作者的寫作目的。

娉婷的尖閣，嫵媚的康河...... 讓文字富有抒情的氣氛，用以表達作者對康橋的款款深情。

（七）分析寫作技巧

1. 分析「康橋春日清晨」的寫景技巧。

寫景技巧	內容
a.摹聲	遠處牛奶車的鈴聲、聽那曉鐘和緩的清音
b.譬喻	地形像是海裡的輕波，默沉沉地起伏 （炊煙）彷彿是朝來人們的祈禱，參差地翳入了天聽
c.擬人	點綴這周遭的「沉默」 擁戴著幾處「娉婷」的尖閣 「嫵媚」的康河 在「靜定」的朝氣裡上騰

2. 分析「頃刻間三句」的寫景技巧。

寫景技巧	內容
a.寫實	頃刻間這田野添深了顏色，一層輕紗似的金粉糝上了這草、這樹、這通道、這莊舍
b.想像	頃刻間這周遭瀰漫了清晨富麗的溫柔
c.感受	頃刻間你的心懷也分潤了白天誕生的光榮

3. 分析作者在空間轉移中，寓藏天光變化的寫景技巧。

> 隨著空間轉移，時間流逝，天愈來愈亮，遠處景物也看的越來越清楚。

項目	近	中	遠
大道	水溶溶（霧茫茫）		
樹林	頭頂曙色	煙霧濃密	
原野	村舍麥田	饅形小山	教寺黑影
土阜			康橋茂林尖閣

4. 分析「原野和土阜」的觀察視角及結果。

項目	原野	土阜
觀察視角	平視	遠眺
視野	偏限	寬廣
物體	大	小
距離	近	遠

意義段二

（一）語詞

1. 詮釋「伺候」著河上的風光：仔細觀察。
2. 詮釋田野「添深」了顏色：增加。
3. 詮釋鈴蘭與香草是「歡喜的初聲」：初春較早綻放的花朵。

（二）句子

1. 詮釋「這春來一天有一天的消息」：每天都有春來的新消息（春天的景物每天都有變化）

（三）理解表層訊息

內容	重點
（2）伺候著河上的風光，……，更不須殷勤問訊。	1. 春天河邊的景物每天都有變化 2. 仔細觀察河邊景物的變化 3. 河邊草地花朵盛開的具體變化

（四）統整文章要點

1. 統整河邊的春日風光。

項目	內容	鮮花盛開順序
地上	苔痕、鮮花	小雪球 鈴蘭、香草 蓮馨、石水仙、克羅克斯、蒲公英、雛菊
水中	水流、水草	
空中	雲霞、鳥語	

（五）統整次脈絡

春日消息
河邊風光

地上水中空中變化	花盛開次序

（六）推論解釋深層內容

1. 推論作者描寫河邊風光的寫作目的？

初春時，景物變化幽微，必須仔細觀察，累積一段時間才能發現它的小變化，所以作者選河邊風光來描寫這種變化。

意義段三

（一）語詞

1. 詮釋瑰麗的「春假」：春天的閒暇時光
2. 詮釋哪一處不是「坦蕩蕩」的大道：平坦筆直
3. 詮釋帶一卷書，「走」十里路：騎
4. 詮釋「和身」在草綿綿處尋夢去：躺在草地上

（二）句子

1. 詮釋「徒步是一種愉快，但騎自行車是一種更大的愉快」：走路是一種愉快的享受，但騎自行車卻是一種更愉快的享受。

（三）理解表層訊息

內容	摘要重點
（3）瑰麗的春假，……更適性的消遣嗎？	1. 春天適合騎車野遊 2. 野遊最好的樂趣

（四）統整文章要點

1. 統整春天野遊的樂趣。

項目	內容
賞花	草原錦繡
賞鳥	鳴禽巧囀
賞兒童	稚子可親
賞人情	借宿嚐新
適性消遣	放鬆尋夢

（五）統整次脈絡

春日消遣	
騎車漫遊	
欣賞花鳥兒童人情	最好是放鬆尋夢

（六）推論解釋深層內容

1. 你認為作者春遊最大的樂趣是什麼？並舉例文中證據，支持看法。

看法	證據
帶一卷書，走十里路，選一塊清靜地，看天，聽鳥，讀書；倦了時，和身在草綿綿處尋夢去	你能想像更適情、更適性的消遣嗎

意義段四

（一）語詞

1. 詮釋「卻上」輕輿趁晚涼：有時坐上
2. 詮釋做地方官的「風流」：生活享受
3. 詮釋正「衝著」一條寬廣的大道：對著
4. 詮釋在青草裡「亭亭」地像是萬盞的金燈：閃爍著

（二）句子

1. 詮釋「傳呼快馬迎新月，卻上輕輿趁晚涼。」：有時急急傳喚馬匹，趕著欣賞黃昏夕照下初上的眉月。有時在傍晚時份乘坐簡便的轎子，欣賞夕照並享受徐徐而來的涼風。

2. 詮釋「過來了一大群羊，放草歸來的」：一大群放草歸來的羊走來。

3. 詮釋「臨著一大片望不到頭的草原，滿開著豔紅的罌粟，在青草裡亭亭地像是萬盞的金燈」：臨著一大片望不到頭的草原，（草原上）滿開著豔紅的罌粟，（罌粟花受陽光照射）在青草裡閃爍地像是萬盞的金燈。

（三）理解表層訊息

內容	摘要重點
（4）陸放翁有一聯詩句：……，說來你們也是不信的！	1. 春天夕照令人難忘的三個美景

（四）統整文章要點

1. 統整春日夕照美景。

項目	內容
美景1	手把著一家村莊的籬笆，隔著一大田的麥浪，看西天的變幻
美景2	一條寬廣的大道，過來了一大群放草歸來的羊，偌大的太陽在牠們後背放射著萬縷的金輝，天上卻是烏青青的
美景3	草原滿開著豔紅的罌粟，在青草裡亭亭地像是萬盞的金燈，陽光從褐色雲裡斜著過來，幻成一種異樣的紫色，透明似的

（五）統整次脈絡

春日夕照
三個難忘的美景
西天變幻、陽光照在羊群、陽光照在罌粟花

（六）推論解釋深層內容

1. 你覺得作者對康橋的春日有怎樣的感受，從文中舉三個例子，證明你的推論。

感受	例子
欣喜興奮分享	擬人化的語詞 深情的讚嘆詞 急於與讀者分享的口吻

（七）分析寫作技巧

1. 分析「春日夕照」的寫景技巧。

寫景技巧	內容
a.直接敘述	手把著一家村莊的籬笆，隔著一大田的麥浪，看西天的變幻（感官感動）
b.細節描寫	一條寬廣的大道，過來了一大群放草歸來的羊，偌大的太陽在牠們後背放射著萬縷的金輝，天上卻是烏青青的（精神感動）
c.彩度變化	草原滿開著豔紅的罌粟，在青草裡亭亭地像是萬盞的金燈，陽光從褐色雲裡斜著過來，幻成一種異樣的紫色，透明似的（色彩感動）

三、批判評論

1. 作者認為「帶一卷書，走十里路，選一塊清靜地，看天，聽鳥，讀書；倦了時，和身在草綿綿處尋夢去」是春遊最好的享受，你同意他的看法嗎？你的理由是什麼？

意見	理由
同意 / 不同意	

2. 下例作者用具體描寫、想像、感受三個層次，來描寫朝陽，你認為這種三層次描寫法，能否增加你對作者看見朝陽興奮心情的體會？並進一步說明理由。

頃刻間這田野添深了顏色，一層輕紗似的金粉摻上了這草、這樹、這通道、這莊舍	具體描寫
頃刻間這周遭瀰漫了清晨富麗的溫柔	想像
頃刻間你的心懷也分潤了白天誕生的光榮	感受

意見	理由
能 不能 體會看見朝陽的興奮心情	

3. 閱讀下列三段美景的敘述,說明哪一種表現方式最能引發你的具體感受?並進一步說明理由。

項目	內容
美景1	手把著一家村莊的籬笆,隔著一大田的麥浪,看西天的變幻
美景2	一條寬廣的大道,過來了一大群放草歸來的羊,偌大的太陽在牠們後背放射著萬縷的金輝,天上卻是烏青青的,
美景3	草原滿開著豔紅的罌粟,在青草裡亭亭地像是萬盞的金燈,陽光從褐色雲裡斜著過來,幻成一種異樣的紫色,透明似的

意見	理由
美景1.2.3	

四、應用練習

1. 利用先寫實、次想像、後感受的結構,寫一段你有興趣的景或物。

寫實	想像	感受

2. 你曾留意過陽光對色彩的影響嗎?模仿下列將色彩分三個層次說明的表達形式,寫一段你觀察色彩變化的紀錄。

草原滿開著<u>豔紅的</u>罌粟,在青草裡亭亭地像是<u>萬盞的金燈</u>,陽光從褐色雲裡斜著過來,幻成一種<u>異樣的紫色,透明似</u><u>的,不可逼視</u>,剎那間在我迷眩了的視覺中,這草田變成了……,

3. 摘要文章重點。

項目	內容
1.作者	徐志摩
2.主題	康橋春日風光
3.文類	現代散文，借景抒情
4.組織圖	
5.統整重點	1. 清晨天光的變化與行走路線 2. 平視與俯瞰的景物描寫 3. 炊煙的描寫與想像 4. 春天的消息 5. 春天的逍遙
8.重要細節	
9.寫作技巧	1.描寫朝陽美景的三種層次 2.夕照三種不同的表達方式
10.體悟	1. 如何以畫家之眼睛精確的觀察自然並描述 2. 我們所看到的世界是立體的，畫家的畫布是平面的，文學的文字敘述是直線的，如何以直線的文字呈現立體的畫面，是文學最大的考驗。

4. 利用直接敘述、細節描寫、彩度變化的寫景技巧，描寫一段周遭的景色。

五、學習成果評量

1. 為什麼朝陽是起早人莫大的愉快？（鍰倫）「表層理解」
   （A）象徵了一天的好兆頭　　（B）初春的朝陽難得一見
   （C）有光線才能看到炊煙　　（D）為眼前田野添了顏色

2. 下列何者不是作者在土阜上所望見的景物？（鍰倫）「表層理解」
   （A）尖閣　　（B）樹林　　（C）炊煙　　（D）康河

3. 下列詞語，何者描繪出「炊煙」的動態感？（鍰倫）「表層理解」
   （A）成縷的　　（B）濃灰的　　（C）輕快的　　（D）遠近的

4. 作者連續使用三個「頃刻間」造成什麼效果？（鍰倫）「深層分析」
   （A）證明光的傳播快速　　（B）使文章能由情入景
   （C）強調朝陽的感染力　　（D）表現晨光倏忽即逝

5. 第一段段旨在描寫春天的……？（鍰倫）「主題結構」
   （A）朝陽　　（B）夕照　　（C）色彩　　（D）聲響

6. 下列文句「」中的「煙霧」，何者與「往『煙霧』濃密處走去」的「煙霧」詞義最為相近？（佳宜）「表層理解」
（A）我從窗口看河流上游，藏在煙霧渺茫的深山腳下
（B）鞭爆的繁響在四近，煙草的煙霧在身邊
（C）一縷鄉愁，就像煙霧似地縈繞著我，我逐漸體會到煙並不能解愁
（D）我們的船在安安穩穩地行駛，客艙內談笑從容，煙霧繚繞（佳宜）

出處(A)楊牧〈接近了秀姑巒〉 (B)魯迅〈好的故事〉 (C)琦君〈煙愁〉 (D)余秋雨〈三峽〉

7. 作者根據什麼線索，證明「尖尖的黑影」是「近村的教寺」？（佳宜）「表層理解」
（A）清晨報曉的鐘聲
（B）早起人的祈禱
（C）神靈在耳邊的私語
（D）曙光下娉婷的尖閣

8. 下列疊詞，何者不是形容「天色」？（佳宜）「表層理解」
（A）漠楞楞
（B）霧茫茫
（C）灰蒼蒼
（D）默沉沉

9. 作者站在原野與土阜時，採用了不同的觀察視角，描述景觀的特徵也不同。下列關於二者的比較，何者說明錯誤？（佳宜）「深層分析」

	(A)	(B)	(C)	(D)
項目	觀察視角	視野	物體大小	距離
原野	平視	寬廣	大	近
土阜	遠眺	偏限	小	遠

10. 下列英國旅遊簡介，何者最接近本文描述的康橋？（佳宜）「表層理解」

（A）擁有令人驚嘆的歷史文化與學術氛圍，城市與大學巧妙地融為一體，街道從校園中穿過，高高的石牆上爬滿老藤。你可以在齊爾維河租一條平底船，消磨悠閒的午後時光。

（B）是英國歷史最悠久的大學城之一。地處平原，風景秀麗。你可以在康河上泛舟，可以步行到郊外欣賞優美的景色，更可以與當地居民一起享受騎自行車的樂趣。

（C）是一座歷史悠久的小城，坐落在蜿蜒的河道旁，周遭山丘廣布。大教堂塔樓高聳，柱粗拱圓，是英國最典型的諾曼第式風格建築，每年吸引大批觀光人潮。

（D）是典型的蘇格蘭城市，喧鬧的街道洋溢著蓬勃的生機。哥德式風格的教堂擁有光彩奪目的彩繪玻璃窗，建在小丘上的大學則充滿濃厚的學術氣息。

參考答案

1	2	3	4	5	6	7	8	9	10
(B)	(D)	(C)	(C)	(A)	(A)	(A)	(D)	(B)	(B)

第十六課　與宋元思書

一、主題結構

自然段	1	2-4	5
意義段	一	二	三
統整重點	旅遊背景	山水美景	感受
統整主題	題目：與宋元思書 主題：描述富春江的山水美景 主題重要性：用心體會生活周遭的美景 寫作目的：與好友分享旅遊所見的美景與感動 （景的關懷）		
統整表述方式	寫景抒情 景：富春江山水大處與小處的美景 情：山水美景的感受與感動		
統整文章脈絡	富春江美景		
	旅遊背景	山水美景	感受
	天候　心情 地點　特色	水清　山高 聽覺豐富	官場人　作者

二、表層理解與深層分析

意義段一

（一）理解表層訊息

內容	摘要重點
（1）風煙俱淨， ……，天下獨絕。	旅遊背景 1. 天候：晴朗 2. 心情：悠閒 3. 地點：富陽至桐廬 4. 心得：奇山異水，天下獨絕

（二）統整文章要點

1. 統整作者的旅遊背景

項目	天候	心情	地點	心得
內容	晴朗	悠閒	富陽至桐廬	奇山異水，天下獨絕

（三）統整次脈絡

旅遊背景			
天候	心情	地點	心得

意義段二

（一）理解表層訊息

內容	摘要重點
（2）水皆縹碧，……，猛浪若奔。 （3）夾岸高山，……，千百成峰。 （4）泉水激石，……百叫無絕。	1. 水的特質：清澈、變化 2. 山的特質：高聳（以樹的高直描寫） 3. 山中聲響：泉水、鳥鳴、蟬囀、猿叫

（二）統整文章要點

1. 統整異水的特質。

項目	內容
清澈	水皆縹碧，千丈見底，游魚細石，直視無礙
變化	急湍甚箭，猛浪若奔

2. 統整奇山的特質。

項目	內容
（因為）高聳	
（所以）樹的特色	皆生寒樹。負勢競上，互相軒邈，爭高直指，千百成峰

3. 統整山中各種聲音的內容。

泉響	泉水激石，泠泠作響
鳥鳴	好鳥相鳴，嚶嚶成韻
蟬囀	蟬則千轉不窮
猿叫	猿則百叫無絕

（三）統整次脈絡

山水美景		
異水	奇山	聲響
清澈變化	樹奇特	泉鳥蟬猿

（四）分析寫作技巧

1. 分析「異水」的寫景技巧。

寫景技巧	內容
a.摹色	水皆縹碧
b.烘托	千丈見底，游魚細石，直視無礙
c.譬喻	急湍甚箭，猛浪若奔

2. 分析「奇山」的寫景技巧。

寫景技巧	內容
a.因果	夾岸高山，皆生寒樹
b.擬人	負勢競上，互相軒邈
c.摹形	爭高直指，千百成峰

3. 分析「摹聲」的寫景技巧。

寫景技巧	內容
句法	雙：泉水激石，泠泠作響；好鳥相鳴，嚶嚶成韻 單：蟬則千轉不窮，猿則百叫無絕
聲音	響、鳴、轉、叫
摹聲	泠泠、嚶嚶、千轉不窮、百叫無絕
距離	近、中、遠、更遠
聲響	大、小、細、遠

意義段三

（一）理解表層訊息

內容	摘要重點
（5）鳶飛戾天者，望峰息心；經綸世務者，窺谷忘返。橫柯上蔽，在晝猶昏；疏條交映，有時見日。	感受 1. 官場人：放下煩憂 2. 自己：單純享受

（二）統整文章要點

1. 統整作者對奇山異水的感受。

項目	內容
官場人	鳶飛戾天者，望峰息心；經綸世務者，窺谷忘返
自己	橫柯上蔽，在晝猶昏；疏條交映，有時見日

（三）統整次脈絡

感受	
一般人	作者
放下煩憂	靜心享受

（四）推論解釋深層內容

1. 你認為作者與一般人的審美觀有何不同？並舉例文中證據，支持看法。

看法	證據
重視靜心捕捉景物變化的細節	橫柯上蔽，在晝猶昏；疏條交映，有時見日

（五）分析寫作技巧

1. 分析本文「描景結構」的特色。

項目	內容
1.特徵	奇山異水，天下獨絕
2.畫面	水皆縹碧，千丈見底，游魚細石，直視無礙。急湍甚箭，猛浪若奔 夾岸高山，皆生寒樹。負勢競上，互相軒邈，爭高直指，千百成峰 泉水激石，泠泠作響；好鳥相鳴，嚶嚶成韻。蟬則千轉不窮，猿則百叫無絕
3.感受	鳶飛戾天者，望峰息心；經綸世務者，窺谷忘返
4.審美觀	橫柯上蔽，在晝猶昏；疏條交映，有時見日

2. 分析本文「時間、空間安排」的特色。

項目	內容
塑造空間的畫面	每種景色可單獨構成一個畫面，也可以組成一幅山水圖
時間順序較少著墨	看不到具體時間順序或當下時間的敘述

三、批判評論

1. 閱讀下列三段短文，評論他們寫景技巧的優劣。

甲	到了鐵公祠前，朝南一望，只見對面千佛山上，梵宇僧樓，與那蒼松翠柏，高下相間，紅的火紅，白的雪白，青的靛青，綠的碧綠。更有一株半株的丹楓夾在裡面，彷彿宋人趙千里的一幅大畫，做了一架數十里長的屏風。 正在嘆賞不絕，忽聽一聲漁唱，低頭看去，誰知那明湖業已澄淨得同鏡子一般。那千佛山的倒影映在湖裡，顯得明明白白。那樓臺樹木格外光彩，覺得比上頭的一個千佛山還要好看，還要清楚。
乙	一陣大雨過了，那黑雲邊上鑲著白雲，漸漸散去，透出一派日光來，照耀得滿湖通紅。湖邊山上，青一塊，紫一塊，綠一塊；樹枝上都像水洗過一番的，尤其綠得可愛。湖裡有十來枝荷花，苞子上清水滴滴，荷葉上水珠滾來滾去。
丙	水皆縹碧，千丈見底，游魚細石，直視無礙。急湍甚箭，猛浪若奔。夾岸高山，皆生寒樹。負勢競上，互相軒邈，爭高直指，千百成峰。泉水激石，泠泠作響；好鳥相鳴，嚶嚶成韻。蟬則千轉不窮，猿則百叫無絕。

	寫景技巧	評論
甲		
乙		
丙		

四、應用練習

1. 作者以「橫柯上蔽，在晝猶昏；疏條交映，有時見日」，表達他「靜心欣賞細節」的審美觀。你旅遊的審美觀是什麼？請先說明審美觀，再進一步描寫這種審美觀所看見的美景。

項目	審美觀	美景
內容		

2. 模仿本文的結構，先說明風景特徵，再列舉精采畫面，最後說明感受。

風景特徵	精采畫面	感受

五、翻譯參考

內容	翻譯
（1）風煙俱淨，天山共色，從流飄蕩，任意東西。自富陽至桐廬，一百許里，奇山異水，天下獨絕。	江上無雲無風，晴空碧山，一覽無遺。帶著一份悠閒的心情，乘船在富陽至桐廬之間，到處晃盪。愉悅的欣賞這一百多里水路之間，獨步天下的山水美景。（文中敘述為四處漫遊的美景，不是坐船在富春江航行）
（2）水皆縹碧，千丈見底，游魚細石，直視無礙。急湍甚箭，猛浪若奔。	溪水很清澈，即使是水深處也能清楚看到藏在水中的小魚與細石。有些地方水流很急，這些急流碰到水中的巨石，就形成湍急的白浪。
（3）夾岸高山，皆生寒樹。負勢競上，互相軒邈，爭高直指，千百成峰。	兩岸高山的山頂因為距離太遠，只能看見高樹鬱暗的樹影，這些樹個個高大挺直，直指天際，樹葉只能在樹頂簇聚，這些簇聚的樹葉，遠遠看去就像是一群高高低低、遠遠近近的山峰。
（4）泉水激石，泠泠作響；好鳥相鳴，嚶嚶成韻。蟬則千轉不窮，猿則百叫無絕。	沿著小小的山路，可以聽見泉水在石間流洩沖濺的聲響，間歇的還可以聽見小鳥悅耳的鳴唱。蟬躲在樹叢中不止歇的嘶喊，隱約的還夾雜著遠處猿猴悠遠的長嘯。
（5）鳶飛戾天者，望峰息心；經綸世務者，窺谷忘返。橫柯上蔽，在晝猶昏；疏條交映，有時見日。	我想內心對追逐名利無限熱衷的人，進入這片幽深廣闊的山林，應該也會感受自身的渺小；對周遭人事充滿算計的人，面對這片生機盎然的風光，應該會暫時放下心中的紛擾。而我在這片山林中，只想簡單的享受被樹枝層層遮蔽下的陰涼，及微風輕撫枝條，讓陽光在樹縫間氤氳起舞的感動。

六、學習成果評量

1. 下列文句，何者可以看出作者在富春江遊覽的閒情？（佳宜）「表層理解」
   (A) 風煙俱淨，天山共色 　　(B) 從流飄蕩，任意東西
   (C) 水皆縹碧，千丈見底 　　(D) 夾岸高山，皆生寒樹

2. 下列文句，何者能總括富春江的美景？（佳宜）「表層理解」
   (A) 風煙俱淨，天山共色 　　(B) 從流飄蕩，任意東西
   (C) 奇山異水，天下獨絕 　　(D) 水皆縹碧，千丈見底

3. 「游魚細石，直視無礙」主要凸顯何種特質？（佳宜）「表層理解」
   (A) 游魚肥嫩鮮美 　　(B) 水中石頭可愛
   (C) 作者視力甚佳 　　(D) 水質清澈見底

4. 下列句子，何者使用動感活潑的筆法，摹寫靜態景色？（佳宜）「深層分析」
   (A) 從流飄蕩，任意東西 　　(B) 游魚細石，直視無礙
   (C) 急湍甚箭，猛浪若奔 　　(D) 負勢競上，互相軒邈

5. 作者在富春江漫遊，沒有描寫何種聲音？（佳宜）「表層理解」
   (A) 風聲 　(B) 鳥鳴 　(C) 蟬聲 　(D) 猿啼

6. 下列文句，何者沒有前因後果的關係？（鍄倫）「深層分析」
   (A) 水皆縹碧，千丈見底 　　(B) 游魚細石，直視無礙
   (C) 夾岸高山，皆生寒樹 　　(D) 橫柯上蔽，在晝猶昏

7. 下列何者表現出「從流飄蕩，任意東西」的心情？（鍄倫）「生活應用」
   (A) 沒有賣生果啤酒的，沒有海鮮炒賣的，更沒有鬻歌的，那會很乏味（張君默〈避風塘與秦淮河〉）
   (B) 有些旅地彷彿前世已走過，好比紐約，好比博斯普魯斯海峽沿岸的皇宮……（鍾文音《寫給你的日記》）
   (C) 一輛電車噹噹而來，車額上寫著「堅尼地城」，跳了上去，開往哪兒都成（舒國治〈香港獨遊〉）
   (D) 驚心動魄的旅程，特別覺得度秒如分，度分如時，只盼身臨冰川，是險有所值（岑逸飛〈銀河玉帶與寒冰地獄〉）

8. 作者認為富春江一帶，最值得賞玩的是……？？（鍄倫）「表層理解」
   (A) 山水異景 (B) 動物生態 (C) 人情風貌 (D) 文化古蹟

9. 下列何者不是富春江兩岸高樹的特點？（鍄倫）「表層理解」
   (A) 高大挺直 (B) 耐熱常青 (C) 數量繁多 (D) 生機盎然

10. 小均依本文為富春江寫了一篇旅遊宣傳文字，請問當中的說明何者正確？（鍄倫）「生活應用」
   (A) 在登頂纜車上，你可俯視江流，亦可仰望夾岸高山
   (B) 這是一場視、聽的頂級饗宴，邂逅野生動物更物超所值
   (C) 兩人同行可免費參加「黑森林」探險之旅
   (D) 擺脫家事、國事、天下事！來到這將讓你忘卻煩憂

參考答案

1	2	3	4	5	6	7	8	9	10
(B)	(C)	(D)	(D)	(A)	(C)	(A)	(B)	(B)	(D)

第十七課　鳥

一、主題結構

自然段	1	2	3-4	5
意義段	一	二	三	四
統整重點	點題	關心鳥的苦悶	欣賞鳥的自由	抒發對鳥的感受
統整主題	題目：鳥 主題：欣賞自由鳥的形軀、鳴叫 主題重要性：關心享受周遭的生活事物 寫作目的：表達對自由鳥的讚美與籠中鳥的關懷（物的關懷）			
統整表述方式	借物抒情 物：說明鳥的神態、鳴叫、形軀、活動 情：說明對自由鳥的欣喜讚美之情及對籠中鳥的關懷			
統整文章脈絡	鳥			
	我愛鳥	關心苦悶鳥	欣賞自由鳥	比較四川北京鳥
		胳膊鷹籠中鳥	外形 身軀活動 身影	北京鳥四川鳥

二、理解表層與深層分析

意義段一

（一）理解表層訊息

內容	摘要重點
（1）我愛鳥。	點題

意義段二

（一）句子

1. 詮釋「我感覺興味的」的涵義：引起我注意的。
2. 詮釋「我想牠的苦悶，大概是僅次於黏在膠紙上的蒼蠅；牠的快樂，大概是僅優於在標本室裡住著」的涵義：

項目	苦悶	快樂
多	膠紙蒼蠅	籠中鳥
少	籠中鳥	標本鳥

（二）理解表層訊息

內容	摘要重點
（2）從前我常見提籠架鳥的人，……，大概是僅優於在標本室裡住著罷？	鳥的苦悶 1. 胳膊鷹：羽翮不整地蜷伏著不動 2. 籠中鳥：不能自由飛翔，處境只比垂死的蒼蠅或標本鳥好些

（三）統整文章要點

1. 統整鳥的苦悶及原因。

項目	苦悶情狀	原因
籠中鳥	飛翔便要撞頭碰壁	失去自由
胳膊鷹	羽翮不整地蜷伏著不動	失去本性

2. 排列下列對象，處境由優而劣的順序。

自由鷹→胳膊鷹→籠中鳥→膠紙蒼蠅→標本鳥

（四）統整次脈絡

關心鳥的苦悶	
胳膊鷹	籠中鳥
羽翮不整 蜷伏不動	飛翔便要撞壁

（五）推論解釋深層內容

1. 你認為胳膊鷹、籠中鳥何者較苦悶？並例舉文中證據，支持看法。

看法	證據
胳膊鷹 籠中鳥	籠子裡的鳥更不用說，如果想要「搏扶搖而直上」，便要撞頭碰壁。鳥到了這種地步，快樂只比標本或垂死蒼蠅好些

（六）分析寫作技巧

1. 分析「胳膊鷹」的寫物技巧。

寫物技巧	內容
a.凸顯焦點	羽翮不整地蜷伏著不動
b.反問	哪裡有半點瞵視昂藏的神氣

2. 分析「籠中鳥」的寫物技巧。

寫物技巧	內容
a.句法	雖然物質無憂，但是自由受限制
b.比較	處境只比死標本或垂死蒼蠅好
c.猜測	牠的苦悶，大概是僅次於黏在膠紙上的蒼蠅；牠的快樂，大概是僅優於在標本室裡住著罷

意義段三

（一）理解表層訊息

內容	摘要重點
（3）我開始欣賞鳥，……，說不出的酸楚！	四川的鳥 清晨鳥鳴－清脆嘹亮 1. 聲音種類－單音、多音 2. 表現方式－獨唱、合唱 3. 感受 夜晚鳥鳴－淒絕急切 1. 聲音方向－遠近、近遠

（二）統整文章要點

項目	地點	時間	種類	聲音特質	表現方式	聲音種類	聲音方向
內容	四川	清晨	多	清脆嘹亮	獨奏合唱	單音多音	
內容		夜晚	杜鵑	淒絕急切			遠而近近而遠

（三）統整次脈絡

新賞鳥的自由	
鳥鳴唱	
清晨清脆嘹亮	夜晚淒絕急切

（四）分析寫作技巧

1. 分析作者描寫「清晨鳥囀」的句法結構。

句法結構	內容
不是	吱吱喳喳的麻雀，呱呱噪啼的烏鴉
是	清脆的，嘹亮的
有的	一聲長叫，包括著六七個音階 一個聲音，圓潤而不覺其單調
有時是	獨奏，合唱

2. 分析「清晨鳥囀」的寫物技巧

寫物技巧	內容
a.對句	句法結構的內容皆為複句
b.譬喻	簡直是一派和諧的交響樂

意義段四

（一）語詞

1. 詮釋「照眼的顏色」：顏色鮮豔

（二）理解表層訊息

內容	摘要重點
在白晝，……，也有令人喜悅的一種雄姿。	鳥的形軀－俊俏 1. 客觀描寫－活動中的外型 2. 主觀抒情－活動的身軀 3. 主觀抒情－停駐、離去 4. 客觀描寫－自然中的身影

（三）統整文章要點

1. 統整作者對「鳥白日活動」的描寫。

項目	內容
外型	長尾巴，尖長喙，胸襟一塊照眼的顏色，翅下有斑斕的花彩
身軀	玲瓏飽滿，跳盪輕靈
活動	高踞枝頭，臨風顧盼，振翅飛去
身影	稻田裡佇立著一隻白鷺 一行白鷺上青天 鳶鷹天空盤旋的雄姿

（四）統整次脈絡

欣賞鳥的自由			
鳥跳盪			
外型	身軀	活動	身影

（五）分析寫作技巧

1. 分析作者描寫「鳥白日活動」的句法結構。

句法結構是先主題句，後修飾句。而修飾句的安排，多為兩組對句。

主題句	修飾句
在枝頭跳躍	有的曳著長長的尾巴，有的翹著尖尖的長喙有的是胸襟上帶著一塊照眼的顏色，有的是飛起來的時候才閃露一下斑斕的花彩
身軀玲瓏飽滿	細瘦而不乾瘦，豐腴而不臃腫，（真是）減一分則太瘦，增一分則太肥
看牠	高踞枝頭，臨風顧盼
牠倏地振翅飛去	牠不回顧，牠不徘徊，牠像虹似地一下就消逝了，牠留下的是無限的迷惘

2. 分析作者描寫鳥「白日活動」的寫物技巧。

寫物技巧	
a.凸顯特徵	長尾巴、尖長喙、胸襟一塊照眼的顏色、翅下有斑斕的花彩
b.對偶	細瘦而不乾瘦，豐腴而不臃腫
c.靜態	高踞枝頭，臨風顧盼
d.動態	牠倏地振翅飛去
e.主題描寫	稻田裡佇立著一隻白鷺，拳著一條腿，縮著頸子
f.背景烘托	「一行白鷺上青天」，背後還襯著黛青的山色和釉綠的梯田
g.摹聲	鳶鷹，啾啾地叫著，在天空盤旋
h.主觀抒情	真是減一分則太瘦，增一分則太肥那樣地穠纖合度好銳利的喜悅刺上我的心頭牠留下的是無限的迷惘也有令人喜悅的一種雄姿

意義段五

（一）理解表層訊息

內容	摘要重點
自從離開四川以後，……，但是我不忍看。	1. 比較四川與北京所見的鳥 2. 關心鳥不自由

（二）統整文章要點

1. 比較作者在四川、北京所見之鳥的差異。

項目	四川	北京
種類	多樣	少（麻雀、喜鵲、鴿子）
聲音	悅耳	不悅耳（寒鴉鼓噪，鴟鴞怪叫）
動作	跳盪	不動（一群麻雀擠在簷下的煙突旁邊取暖）
狀態	自由	不自由、不靈活

（三）統整次脈絡

比較四川、北京的鳥	
四川鳥特色	北京鳥特色

三、批判評論

（一）表達意見說明理由

1. 作者認為籠中鳥雖然物質優厚，但精神不自由，所以認定牠的處境只比死亡好一點，你同意作者的觀點嗎？並進一步說明理由。

意見	理由
同意／不同意	

2. 根據全文內容，你認為第三段杜鵑叫聲淒絕的部份，是否應該刪去？並進一步說明理由。

意見	理由
應該刪／不應該刪	

四、應用練習

1. 將下列反問句改為陳述句。

反問句	陳述句
羽翮不整地蜷伏著不動,哪裡有半點瞵視昂藏的神氣?	羽翮不整地蜷伏著不動,沒有半點瞵視昂藏的神氣

2. 將下列猜測句改為陳述句。

猜測句	陳述句
牠的苦悶,大概是僅次於黏在膠紙上的蒼蠅;牠的快樂,大概是僅優於在標本室裡住著罷?	牠的苦悶,僅次於黏在膠紙上的蒼蠅;牠的快樂,僅優於在標本室裡住著

3. 將下列陳述句改為反問句。

反問句	陳述句
日月潭的水難道不是綠得像一塊無暇的翡翠	月潭的水綠得像一塊無暇的翡翠

4. 將下列陳述句改為猜測句。

猜測句	陳述句
樹叢中的鳥高聲鳴叫,大概是在訴說他們的快樂吧?	樹叢中的鳥快樂得高聲鳴叫

5. 利用「鳥到了這種地步,我想牠的苦悶,大概是僅次於黏在膠紙上的蒼蠅;牠的快樂,大概是僅優於在標本室裡住著罷?」的句型,練習造句。

……到了這種地步	我想牠的苦悶,大概是僅次於………	牠的快樂,大概是僅優於………?

6. 利用下列段落的句法結構,寫一段短文。

黎明時,窗外是一片鳥囀,不是吱吱喳喳的麻雀,不是呱呱噪啼的烏鴉,那一片聲音是清脆的,是嘹亮的。有的一聲長叫,包括著六七個音階;有的只是一個聲音,圓潤而不覺其單調;有時是獨奏,有時是合唱,簡直是一派和諧的交響樂。

是………,不是………,不是………,那………是的,是………的。有的………;有的………;有時是………,有時是………,簡直是………。

7. 利用主觀抒情與客觀描寫的寫物技巧,敘述生活中的某物。

五、學習成果評量

1. 下列「」內的詞語替換後，文句涵義<u>改變</u>的是：（佳宜）「表層
   理解」
   （A）從前我常見提籠架鳥的人，清早在街上「蹓躂」→散步
   （B）我感覺「興味」的不是那人的悠閒，卻是那鳥的苦悶→高興
   （C）羽翮不整地蜷伏著不動，「哪裡有」半點瞇視昂藏的神氣→沒
   有
   （D）飲啄倒是方便，冬天還有遮風的棉罩，十分地「優待」→舒適

2. 「既有凌霄之姿，何肯為人作耳目近玩？」這段話最適合送給何
   者？（佳宜）「表層理解」
   （A）胳膊上架著的鷹　　　（B）吱吱喳喳的麻雀
   （C）呱呱噪啼的烏鴉　　　（D）聲音淒絕的杜鵑

3. 下列畫面，作者看了以後感到喜悅的是：（佳宜）「表層理解」

（A）	（B）	（C）	（D）

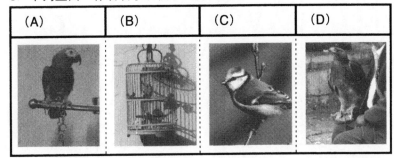

4. 下列「愛鳥人士守則」，能呼應本文觀點的是：（佳宜）「生活
   應用」
   （A）守則一：隨時翻閱鳥類圖鑑，了解不同鳥類的生態習性
   （B）守則二：觀賞自然界中的野生鳥類，不賞囚禁的籠中鳥
   （C）守則三：不隨意放生鳥類，避免影響該棲息地鳥類生態平衡
   （D）守則四：不採集野生動植物，以免破壞鳥類賴以生存的環境

5. 作者對鳥的欣賞，<u>不包含</u>何者？（佳宜）「表層理解」
   （A）清脆婉轉的鳥鳴　　　（B）拳著腿佇立的白鷺
   （C）天空盤旋的鳶鷹　　　（D）煙突旁取暖的麻雀

6. 依文中所述，阿秋製作了四川地區從早到晚的鳥鳴變化圖，圖中
   空白處應填入何者較恰當？（鍰倫）「表層理解」

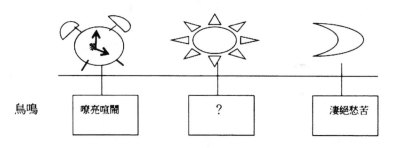

鳥鳴　　嘹亮喧鬧　　　　？　　　　淒絕愁苦

   （A）低沈單調　（B）清脆圓潤　（C）隱匿靜默　（D）悲傷酸楚

7. 「冬天還有遮風的棉罩，十分地『優待』，但是如果想要『搏扶
   搖而直上』」一句，連續使用兩個引號，提醒讀者注意引號中的
   語詞。請問這兩個引號的語詞想製造何種寫作效果？（鍰倫）
   「深層分析」
   （A）以典故說明寓意　　　（B）以倒反產生幽默

（C）以映襯強調重點　　　　（D）以對比呼應主題

8. 下列哪個句子最能看出作者對鳥物的關懷之情？（鋏倫）「表層理解」
（A）窗外是一片鳥囀，不是吱吱喳喳的麻雀，不是呱呱噪啼的烏鴉
（B）不知有多少個春天的早晨，這樣的鳥聲把我從夢境喚起
（C）一聲急似一聲，竟是淒絕的哀樂。客夜聞此，說不出的酸楚
（D）再令人觸目的就是那些偶然一見的囚在籠裡的小鳥兒了，但是我不忍看

9. 下列說明，何者符合作者「愛鳥」的主題？（鋏倫）「生活應用」
（A）小梁：我擔心家中的白文鳥走失，所以從不讓牠離開我的視線範圍
（B）小寶美：我只餵我的小鸚哥高級小米，籠子還裝了散熱專用的風扇
（C）小秋：我欣賞鳥顧盼自得的神態，珍惜鳥隨性去留的自由
（D）小佳：我愛鳥成痴，對珍稀鳥更是愛不釋手

10. 作者為什麼將四川清晨的鳥鳴形容成一派和諧的交響樂？（鋏倫）「表層理解」
（A）聲音多樣組合富變化　　（B）音色與樂器聲相近
（C）節奏吻合交響樂規律　　（D）合音優美旋律輕快

參考答案

1	2	3	4	5	6	7	8	9	10
(B)	(A)	(C)	(B)	(D)	(C)	(B)	(D)	(C)	(A)

第十八課　聲音鐘

一、主題結構

自然段	重點
1	點題
2	舊時鐘
3	聲音鐘－小販叫賣聲
4	聲音鐘（時刻）－清晨、準確
5	聲音鐘（時刻）－上午、旋律
6	聲音鐘（時刻）－下午、豐富
7	聲音鐘（時刻）－心情
8	聲音鐘－星期、季節
9	聲音鐘特質
10	呼應首段

自然段	1、10	2	3	4-7	8	9
意義段	一	二	三	四	五	六
統整重點	點題、呼應	舊時鐘	小販叫賣聲	聲音鐘－時刻	聲音鐘－星期、季節	聲音鐘－特質
統整主題	題目：聲音鐘 主題：描寫聲音鐘的特質－報時準確、旋律豐富及心情感受 主題重要性：用心觀察生活，並體會生活的美好 寫作目的：抒發對小販叫賣聲的喜愛並記錄保存民間聲音藝術（事的關懷）					
統整表述方式	借事抒情 事：小販叫賣聲的順序與內容 情：對生活美好聲音的熱愛					

聲音鐘				
點提呼應	舊時鐘	聲音鐘		
	單調安靜	時刻	星期季節	總結

二、文類知識

（一）理解文類

1. 文中哪些內容讓你感受到鄉土文學之美。

三、表層理解與深層分析

意義段一

（一）理解表層訊息

內容	摘要重點
（1）我喜歡那些像鐘一般準確出現的小販的叫賣聲。 （10）我喜歡聽那些像鐘一般準確出現的小販的叫賣聲。	1. 點題與呼應 2. 聲音鐘特質： 　小販叫賣聲準確如鐘

（二）統整文章要點

聲音鐘的涵義與特質。

涵義	特質
小販叫賣聲	叫賣聲出現的時間如鐘般的準確

（三）推論解釋深層內容

1. 解釋首段與末段內容的差異，並解釋作者安排的用意。

差異	用意
末段多「聽」	首末段文字相同，暗示如鐘從12開始轉一圈又回到原點，回到原點往往會有噹的提醒

意義段二

（一）理解表層訊息

內容	要點
（2）我住的房子面對一條寬幽的大街，……我的頭腦裡裝了許多新的時鐘。 （3）那是因為走過那塊小小空地的小販的叫賣聲。	舊時鐘：安靜單調 1. 陽光的寬窄亮暗 2. 郵差按門鈴 3. 妻子喊叫 新時鐘：小販叫賣聲

（二）統整次脈絡

舊時鐘	
單調安靜	轉折
陽光 郵差 妻子	小販叫聲

（三）推論解釋深層內容

1. 你認為舊時鐘的特質是什麼？並舉例文中證據，支持看法。

看法	證據
安靜單調	時間的推移總是默默地在不知不覺中進行，你至多只能從天晴時射入斗室內的陽光，它們的寬窄、亮暗來判定時光的腳步；或者假設今天剛好有信，郵差來按門鈴，你知道現在是早上十點半了；或者，如果你那粗心的妻子又忘了帶鑰匙，下班回家在門外大聲喊你，你知道又已經下午四點了。

意義段三

（一）理解表層訊息

內容	摘要重點
（4）那塊小小的空地……，這些叫賣聲就像報時的鐘一般準確地出現。	小販叫賣聲 1. 地點：屋後空地 2. 原因：老人家、女人家閒聚地

內容	摘要重點
	聲音鐘—時間準確 1. 時間：清晨 2. 內容：豆奶哦，煎包哦，糯米飯哦 3. 音節：3-3-4 4. 旋律：呼叫 5. 特質：純正臺灣國語
	1. 時間：清晨 2. 內容：最好吃的美心麵包，最好吃的美心三明治，請來吃最好吃的美心巧克力蛋糕，美心冰淇淋蛋糕 3. 音節：8-9-14-7 4. 旋律：呼叫 5. 特質：錄音機嬌滴滴地喊著
（5）但這些鐘可不是……一樣鮮活有趣的旋律。	聲音鐘—旋律鮮活有趣 1. 時間：上午 2. 內容：鹹——芭樂，鹹——甜——脆——，甘——的哦！ 3. 音節：1-2－1-1-1-1-2 4. 旋律：拉長的吟唱，宛轉有致抑揚頓挫、鮮活有趣 5. 特質：清脆、鄉土的叫喊如土地生命濃縮的天籟

內容	摘要重點
（6）過了下午，……確實「料好，味好，臺灣第一」的。	聲音鐘—內容豐富 1. 時間：下午 2. 內容：「肉圓，豬血湯，四神湯哦」；「芋粿，紅豆仔粿，紅豆米糕」，「杏仁露，綠豆露，涼的愛玉哦」 3. 音節：2-3-4. 2-4-4. 3-3-5 「蝦仁羹」 1. 內容：「蝦仁羹」 2. 音節：3 3. 旋律：平板無奇 4. 特質：好吃
（7）碰到颱風下雨，……又出現了。	聲音鐘－人情 對未出現的聲音產生關懷 「烤蕃薯」 1. 內容：阿——奇毛 2. 音節：1-2 3. 旋律：拉長的吟唱，鮮活有趣

（二）統整文章要點

1. 統整小販叫聲的順序。

> 米漿 美心麵包→蚵仔麵線→鹹芭樂→肉圓 芋粿 杏仁露 蝦仁羹

2. 統整小販叫賣聲的相關內容。

	一	二	三	四
時間	清晨	上午	下午	(下午)
內容	米漿、麵包	鹹芭樂	肉圓、芋粿杏仁露、蝦仁羹	阿奇毛
音節	2-2-3 8-9-14-7	1-2_1-1- 1-1-2	2-3-4 2-4-4 3-3-5	1-2
旋律		婉轉有致 鮮活有趣	平板無奇	(婉轉有致)
其他	台灣國語 嬌滴滴	鄉土台灣	(鄉土台灣)	(鄉土台灣)
特色	固定	鮮活	豐富	掛念

3. 比較舊時鐘與聲音鐘的異同。

項目	舊時鐘	聲音鐘
報時聲音	噹噹噹、布穀布穀	各種小販叫賣聲
報時方式	單調	變化、趣味
報時準確性	準確	固定
報時特質	物理時間	心情時間

4. 統整聲音鐘報時的變化、原因與心情。

變化	原因	心情
停擺、慢擺、亂擺	刮風下雨或個人因素	懷念、擔心、懷疑、納悶

（三）統整次脈絡

聲音鐘	
時刻	
上午	下午
固定 鮮活	豐富 掛念

意義段四

（一）理解表層訊息

內容	重點
（8）這些聲音鐘不但告訴你時刻，……，又讓你驚覺春天的確來了。	聲音鐘－星期、季節 1. 星期：修沙發、麥芽糖、衛生紙、豆腐乳 2. 季節：燒仙草、冷豆花

（二）統整文章要點

1. 統整聲音鐘星期、季節的功能。

項目	星期	季節
週末	修沙發	冬天轉為春天
星期三	麥芽糖	
星期天	衛生紙、豆腐乳	

（三）統整次脈絡

聲音鐘
星期 季節

意義段五

（一）理解表層訊息

內容	摘要重點
（9）時鐘，日曆，月曆。……，不可或缺的色彩。	總結聲音鐘的特質 1. 功能：時鐘，日曆，月曆 2. 特質：活潑、快樂地在每日生活的舞臺裡翻滾跳躍 3. 重要性：城市人間不可或缺的色彩

（二）統整文章要點

1. 統整聲音鐘的特質。

項目	內容
功能	時鐘，日曆，月曆
特質	活潑、快樂地在每日生活的舞臺裡翻滾跳躍
重要性	城市人間不可或缺的色彩

（三）統整次脈絡

聲音鐘
總結
功能 特質 重要性

（四）分析寫作技巧

1. 分析「小販叫聲」的寫作技巧。

寫聲技巧	內容
a.擬人法	叫賣聲就正好穿過你推開的窗戶，不客氣地進來 這些美妙的叫賣聲，活潑、快樂地在每日生活的舞臺裡翻滾跳躍
b.模擬聲音	「豆奶哦，煎包哦，糯米飯哦」的叫賣聲 你聽，那一聲聲拉長的吟唱：「鹹——芭樂，鹹——甜——脆——，甘——的哦！」
c.聲音特質	用純正臺灣國語呼叫的 開著一臺錄音機嬌滴滴地喊著
d.移覺	一下子你吃到熱騰騰的「肉圓，豬血湯，四神湯哦」 是這有活力的城市，有活力的人間，不可或缺的色彩
e.譬喻	他們像陽光、綠野、花一樣

2. 分析「聲音鐘」你、我的用法。

項目	內容
事實 陳述 －我	1. 我喜歡那些像鐘一般準確出現的小販的叫賣聲 2. 我住的房子面對一條寬幽的大街，後面是一塊小小的空地 3. 但自從我把書桌從前面的房間移到後面之後，才幾天，我就發覺我的頭腦裡裝了許多新的時鐘 4. 我喜歡聽那些像鐘一般準確出現的小販的叫賣聲
內心 感受 －你	1. 你忽然發現早該出現的叫賣聲一直沒有出現，這時你就會強烈懷念起……你甚至擔心他是不是太老了，太累了，生病了，以至於不能出來賣了。但就在你懷疑、納悶的時候，那熟悉的聲音也許又出現了

項目	內容
場景 說明 －你	1. 你至多只能從天晴時射入斗室內的陽光，它們的寬窄、亮暗來判定時光的腳步 2. 或者假設今天剛好有信，郵差來按門鈴，你知道現在是早上十點半了 3. 或者，如果你那粗心的妻子又忘了帶鑰匙，下班回家在門外大聲喊你 4. 你知你想起自己還沒吃早餐，「豆奶哦，煎包哦，糯米飯哦」的叫賣聲就正好穿過你推開的窗戶，不客氣地進來 5. 而且你知道這是用純正臺灣國語呼叫的「中華臺北版」早餐。 6. 換個方向，你也許聽到一輛緩緩駛近的小汽車，開著一臺錄音機嬌滴滴地喊著道 7. 你聽，那一聲聲拉長的吟唱：「鹹——芭樂，鹹——甜——脆——，甘——的哦！」 8. 如果你在心裡一遍遍學著，你一定可以聽到跟牛犁歌或丟丟銅仔一樣鮮活有趣的旋律 9. 一下子你吃到熱騰騰的「肉圓，豬血湯，四神湯哦」； 10. 一下子冷卻下來，變成「芋粿，紅豆仔粿，紅豆米糕」， 11. 這些聲音鐘不但告訴你時刻，也告訴你星期、季節。慢條斯理，喊著「修理沙發哦」的車子經過時，你知道又是週末了

四、批判評論

（一）表達意見說明理由

1. 作者記錄台灣小販的叫賣聲，讓這些鮮活有趣的旋律，能藉由文字的保存，留給後代欣賞。你能否藉由文字的描寫，感受到小販叫聲的鮮活有趣？並進一步說明理由。

意見	理由
能感受 不能感受	

2. 作者安排什麼空間讓小販的叫賣聲上場表演，安排什麼空間傾聽小販的叫賣聲。你認為這樣的空間安排是否恰當？並進一步理由。

項目	空間	意見	理由
表演叫賣聲	屋後空地	恰當 不恰當	
傾聽叫賣聲	安靜的屋子	恰當 不恰當	

五、應用練習

1. 觀察一個空間有關陽光角度與光線不同時間的變化。

時間	角度	光線

2. 模仿下列文句的結構，嘗試記錄一段讓你感動的聲音。

> 那清脆、鄉土的叫喊雖然只有幾個音節，但宛轉有致的抑揚頓挫卻讓你以為回到了古典臺灣。你聽，那一聲聲拉長的吟唱：「鹹——芭樂，鹹——甜——脆——，甘——的哦！」這簡直是人間天籟，臺語的瑰寶——具體而微地把整個民族、整塊土地的生命濃縮進一句呼喊。如果你在心裡一遍遍學著，你一定可以聽到跟牛犁歌或丟丟銅仔一樣鮮活有趣的旋律。

3. 利用擬人、聲音模擬、譬喻、移覺等技巧，描述一段生活中的聲音。

六、學習成果評量

1. 在注意到「聲音鐘」之前，作者判斷時間的依據<u>不包含</u>：（佳宜）「表層理解」
   （A）唱片悠揚的旋律　　　　（B）牆壁上的月曆
   （C）陽光挪移的變化　　　　（D）郵差按鈴的聲響

2. 關於出現「聲音鐘」地點的說明，何者<u>錯誤</u>？（佳宜）「表層理解」
   （A）寬幽的大街　　　　　　（B）作者住處的後方
   （C）居民出入的廣場　　　　（D）攏聚老弱婦孺的空間

3. 下列早點，何者本文<u>沒有</u>提到？（佳宜）「表層理解」
   （A）豆漿　　（B）煎包　　（C）三明治　（D）蛋餅

4. 叫賣聲最「鮮活有趣」的是什麼？（佳宜）「表層理解」
   （A）賣蚵仔麵線的攤販　　　（B）賣芭樂的老阿伯
   （C）賣蝦仁羹的歐巴桑　　　（D）賣烤番薯的老頭

5. 作者形容叫賣聲「就像報時的鐘一般準確地出現」，「準確」的涵義是指什麼？（佳宜）「表層理解」
   （A）按時出現　　　　　　　（B）時間精確
   （C）隨季節改變　　　　　　（D）不懼風雨

6. 聲音鐘與舊時鐘相同的特質是什麼？（鍰倫）「表層理解」
   （A）旋律豐富　（B）報時準確　（C）音節複雜　（D）內容多元

7. 作者以「賣芭樂的老阿伯」為例，何者不是它的寫作目的？（鍰倫）「深層理解」
   （A）表達對吟唱聲是台語瑰寶的讚嘆
   （B）提供聲音鐘構築心情時間的例子
   （C）記錄古典台灣叫喊聲的鮮活旋律
   （D）證明叫賣聲會像報時的鐘準時出現

8. 下午到作者陳黎家中做客，你不會聽到哪種叫賣聲？（鍰倫）「表層理解」
   （A）肉圓，豬血湯，四神湯哦
   （B）豆奶哦，煎包哦，糯米飯哦
   （C）芋粿，紅豆仔粿，紅豆米糕
   （D）杏仁露，綠豆露，涼的愛玉哦

9. 作者用什麼態度面對生活中此起彼落的叫賣聲？（鍰倫）「深層分析」
   （A）厭煩無奈　（B）懷舊感傷　（C）冷淡忽視　（D）熱愛欣賞

10. 作者略寫蝦仁羹叫賣聲的目的是什麼？（鍰倫）「深層分析」
   （A）凸顯蝦仁羹以美味為特色　（B）反襯其他叫賣聲多樣豐富
   （C）表現化繁為簡的寫作技巧　（D）呼應「乍暖還寒」的主題

參考答案

1	2	3	4	5	6	7	8	9	10
(A)	(A)	(D)	(B)	(A)	(B)	(D)	(B)	(D)	(A)

第十九課　夏夜

一、主題結構

自然段	1	2
意義段	一	二
統整重點	夏夜來了、夏夜美麗	夏夜安靜與生機
統整主題	題目：夏夜 主題：夏夜美麗、安靜與生機 主題重要性：享受生活的美好時光 寫作目的：表達對生活美好的享受與讚嘆 （事的關懷）	
說明寫作目的		
統整表述方式	借景抒情 景：夏夜來臨過程，夏夜的美麗、安靜與生機 情：對夏夜的沈醉讚嘆	
統整文章脈絡	夏夜	
	夏夜來了	安靜與生機
	萬物回家 夏夜來臨 夏夜美麗	夏夜安靜 夏夜生機

二、文類知識

（一）認識文類

1. 認識韻文特質。

項目	內容
形式	形式重複、押韻

2. 認識童詩特質。

項目	內容
形式	形式重複、押韻
內容	動物意象、擬人、譬喻、想像、動作

（二）理解文類

1. 說明「夏夜」形式重複的語詞。

自然段	1	1	2	2
形式重複	回家了	來了	睡了	還醒著

2. 說明「夏夜」有關動物意象、擬人、譬喻、想像、動作的內容。

項目	內容
動物意象	蝴蝶、蜜蜂、牛、羊、雞、鴨
擬人	街燈道晚安、牛羊回家了
譬喻	珍珠、銀幣
想像	從山坡上輕輕地爬下來了（擬人亦可）
動作	夜風跟著提燈的螢火蟲，在美麗的夏夜裡愉快地旅行（擬人想像亦可）

三、表層理解與深層分析

意義段一

（一）理解句子

1. 詮釋作者構思「火紅的太陽也滾著火輪子回家了」的過程。

項目	內容
景象	太陽落下、天氣較涼爽
想像	陽光熱、太陽圓而紅、太陽落下速度快
詩句	火紅的太陽也滾著火輪子回家了

2. 詮釋作者構思「當街燈亮起來向村莊道過晚安」的過程。

景象	街燈亮起來
想像	街燈亮起來好像在向村莊道晚安
詩句	當街燈亮起來向村莊道過晚安

3. 詮釋作者構思「暮色降臨」一段的過程。

景象	1. 暮色漸濃，先是遠山的山頂看不見，慢慢由上往下，最後整座山都看不見了 2. 接著連近樹也慢慢暗下來，先從樹頂，慢慢往下移，最後整棵樹都暗下來 3. 這時抬頭一看，發現整個天空已經布滿星星和月亮
想像	1. 把暮色逐漸轉濃的過程，想像成暮色輕輕的爬下來 2. 把暮色由遠而近，由上而下逐漸轉濃的範圍，利用山坡與椰子樹，說明暮色由遠而近，利用從山上爬下來，從樹梢上爬下而來，說明暮色由上而下 3. 把星星月亮想像成許多珍珠與一枚銀幣，強調它們的晶亮
詩句	來了！來了！ 從山坡上輕輕地爬下來了。 來了！來了！ 從椰子樹梢上輕輕地爬下來了。 撒了滿天的珍珠和一枚又大又亮的銀幣。

（二）理解表層訊息

內容	摘要重點
（1）蝴蝶和蜜蜂， …… 又大又亮的銀幣。	1. 天上地上遠方的東西都回家了 2. 街燈亮了 3. 山坡暗下來 4. 椰子樹暗下來 5. 天上出現星星、月亮

1. 推論大家「回家了」的心情。

舒服放鬆。

（三）統整文章要點

1. 統整「回家了」三句的內容。

主題	對象	數量	空間
回家了	太陽	一	遠
	蝴蝶蜜蜂們	多	近－空中
	羊隊牛群	多	近－地面

2. 統整「來了」一段的內容。

主題	景象	空間
夏夜來了	山漸暗	遠
	椰子樹漸暗	近
	星星月亮出現	遠

（四）分析寫作技巧

1. 分析「夏夜來了」一段的寫景技巧。

項目		內容
1. 寫景順序		回家了→街燈亮了→夏夜來了→夏夜美麗
2. 寫景技巧	a.物擬人	蝴蝶回來了，街燈道晚安，夏夜爬下來，夏夜撒珍珠、銀幣
	b.譬喻	月亮－銀幣，星星－珍珠
	c.感情語言	期待：來了來了 細膩：輕輕地來了、輕輕地爬下來了
	d.安間安排	由遠而近：遠山近樹 由上而下：山頂到山下、樹梢到樹下

意義段二

（一）理解句子

1. 詮釋作者構思「南瓜醒著」一句的過程。

景象	南瓜蔓藤靜悄悄的往上爬
想像	南瓜醒著 南瓜伸長蔓藤 輕輕往屋頂爬
詩句	只有窗外瓜架上的南瓜還醒著， 伸長了藤蔓輕輕地往屋頂上爬

2. 詮釋作者構思「小河醒著」一句的過程。

景象	小河流過小橋，發出輕微的聲響
想像	小河醒著 低聲唱歌 溜過小橋
詩句	只有綠色的小河還醒著， 低聲地歌唱著溜過彎彎的小橋

3. 詮釋作者構思「夜風醒著」一句的過程。

景象	螢火蟲閃爍，竹林有風窸窣作響
想像	夜風醒著 從竹林跑出來 和螢火蟲旅行
詩句	只有夜風還醒著， 從竹林裡跑出來， 跟著提燈的螢火蟲， 在美麗的夏夜裡愉快地旅行

4. 說明「還醒著」三句的主句與附屬句，並畫出他們的主詞與動詞。

項目	1	2	3
主句	只有窗外瓜架上的南瓜還醒著	只有綠色的小河還醒著	只有夜風還醒著
附屬句	（南瓜）伸長了藤蔓輕輕地往屋頂上爬	（小河）低聲地歌唱著溜過彎彎的小橋	（夜風）從竹林裡跑出來，跟著提燈的螢火蟲，在美麗的夏夜裡愉快地旅行

（二）理解表層訊息

內容	摘要重點
（2）美麗的夏夜呀！ ...... 在美麗的夏夜裡愉快地旅行。	1. 夏夜美麗涼爽 2. 小雞睡了 3. 小弟妹進入夢的世界 4. 大地一片寧靜 5. 南瓜還醒著 6. 小河還醒著 7. 夜風還醒著

1. 詮釋「睡了」與「走向夢鄉」的異同。

項目	異	同
睡了	安靜單調	安靜
走向夢鄉	夢鄉的世界多采多姿	安靜

2. 舉例哪些描寫能說明夏夜的美麗與涼爽。

項目	內容
美麗	星星、月亮在天空像珍珠、銀幣，螢火蟲
涼爽	太陽下山，夜風

（三）統整文章要點

1. 統整作者塑造夏夜安靜的意象。

項目	1	2	3	4
對象	小雞、小鴨	小弟弟、小妹妹	山巒	田野
行為	睡了	走向夢鄉了	睡了	睡了

2. 組織描寫夏夜安靜的順序。

小雞小鴨→小弟妹→山巒→田野

3. 統整作者塑造夏夜生機的意象。

項目	1	2	3
對象	南瓜	小河	夜風
行為	還醒著	還醒著	還醒著
原因	蔓藤往上爬	嘩啦啦流過小橋	穿過竹林四處流動

（四）分析寫作技巧

1. 分析「睡了與還醒著」二段的寫景的技巧。

項目		內容
1. 寫景順序		雞鴨睡了→小弟妹睡了→山巒睡了→田野睡了
2. 寫景技巧	a.對比	安靜：睡了 生機：還醒著
	b.物擬人	田野靜靜地睡了，南瓜還醒著，提燈的螢火蟲
	c.想像	南瓜藤生長→南瓜伸長藤蔓輕輕地往屋頂上爬 小河流動→小河低聲地歌唱著溜過彎彎的小橋 夜風及螢火蟲流動→夜風從竹林裡跑出來，跟著提燈的螢火蟲，在美麗的夏夜裡愉快地旅行

四、批判評論

（一）表達意見說明理由

1. 你喜歡這首童詩嗎？並進一步說名理由。

意見	理由
喜歡 / 不喜歡	

五、應用練習

1. 利用下列句型，用詩的形式寫一段對.....的描寫

> 來了！來了！
> 從………（動詞）下來了。
> 來了！來了！
> 從………（動詞）下來了。
> （美麗）………。

（空白框）

2. 利用下列句型，用詩的形式，寫一段美好的經驗。

> 只有………還醒著，
> ………從……出來，
> 跟著……，
> 在……裡愉快地旅行。

（空白框）

3. 敘述自己對生活環境的觀察，用優美且富想像力的文字加以描述。

環境觀察	想像描述

六、學習成果評量

1. 誰最先知道夏夜的來臨？（鍰倫）「表層理解」
   （A）山坡　　　（B）椰子樹　　（C）星月　　　（D）街燈

2. 夏夜降臨的地方，應當是何處？（佳宜）「表層理解」
   （A）都市　　　（B）鄉村　　　（C）深山　　　（D）沿海

3. 三次「輕輕地」塑造出夏夜來臨時的何種特色？（鍰倫）「表層理解」
   （A）輕巧無聲（B）輕快有勁（C）輕盈活潑（D）輕鬆自在

4. 下列關於「夕陽」和「火輪子」的相似處，何者說明錯誤？（佳宜）「表層理解」

項目	（A）溫度	（B）形狀	（C）顏色	（D）移動速度
相似	火熱	圓形	金黃色	快速

5. 〈夏夜〉描述的夜空應當是哪一種月相？（佳宜）「表層理解」

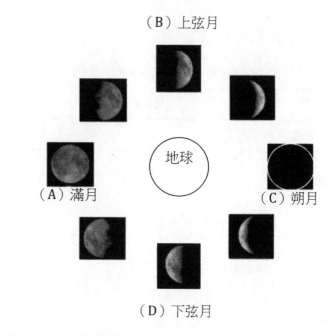

（B）上弦月

（A）滿月　　　地球　　　（C）朔月

（D）下弦月

6. 由小弟弟、小妹妹的夢境，可推測老祖母說的故事最有可能屬於哪種性質？（鍰倫）「表層理解」
   （A）冒險　　　（B）怪談　　　（C）童話　　（D）歷史

7. 下列詩句，何者含有「夏日」意象的景物？（鎵倫）「表層理解」
(A) 只有綠色的小河還醒著
(B) 朦朧地，山巒靜靜地睡了
(C) 只有夜風還醒著，從竹林裡跑出來
(D) 只有窗外瓜架上的南瓜還醒著

8. 詩中所使用的「擬人法」，<u>無法</u>使夏夜更富有......？（鎵倫）「深層分析」
(A) 生機　　　(B) 童趣　　　　(C) 想像空間　(D) 音樂節奏

9. 作者透過什麼證明「夜風還醒著」？（佳宜）「表層理解」
(A) 蝴蝶在大花園忽東忽西的飛　　(B) 南瓜的藤蔓爬上屋頂
(C) 綠色的小河低聲唱歌　　　　　(D) 和螢火蟲愉快的旅行

10. 下列描寫，何者能為沈睡的夏夜增添活潑的生機？（佳宜）「表層理解」
(A) 山巒與田野靜靜地睡了
(B) 小弟弟、小妹妹變成蝴蝶與魚的夢鄉
(C) 街燈亮起來向村莊道晚安
(D) 夏夜從山坡上輕輕地爬下來

參考答案

1	2	3	4	5	6	7	8	9	10
(D)	(B)	(A)	(C)	(A)	(C)	(D)	(D)	(D)	(B)

第二十課　絕句

一、主題結構

（一）登鸛雀樓

自然段	1.2	3.4
意義段	一	二
統整重點	寫景	說理
統整主題	題目：登鸛雀樓 主題：說明登高的感受（體會登高望遠的不同視野） 主題重要性：隨時反思生活，提昇視野。全面關照、避免偏頗。綜觀全局，減少小事的糾纏 寫作目的：分享登高望遠的體悟（事的關懷）	
統整表述方式	借景說理 景：鸛雀樓遠眺 理：登高體悟	
統整文章脈絡	**登鸛雀樓**	
	寫景	說理
	太陽下山 黃河東流	改變立足點 產生新視野

（二）黃鶴樓送孟浩然之廣陵

自然段	1.2	3.4
意義段	一	二
統整重點	寫景	抒情
統整主題	題目：黃鶴樓送孟浩然之廣陵 主題：表達對朋友遠行的關懷 主題重要性：體會朋友之間的情義 寫作目的：表達對朋友遠行的關懷	
統整表述方式	借景抒情 景：黃鶴樓遠眺 情：離別愁情	
統整文章脈絡	**黃鶴樓送別**	
	寫事	抒情
	故人遠行 前往揚州	別離孤寂

二、文類知識

（一）認識文類

1. 認識絕句格律。

項目	字數	句數	押韻	平仄
五言	五	四	二、四句末	二、四字平仄交錯 一、二句交錯 二、三句相同 三、四句交錯
七言	七	四	二、四句末	二、四、六平仄交錯 一、二句交錯 二、三句相同 三、四句交錯

（二）理解文類

1. 說明「登鸛雀樓」、「黃鶴樓送別」二詩的格律。

項目	句數	字數	押韻	平仄
鸛雀樓	4	5	流、樓	仄平、平仄、平仄、仄平
黃鶴樓	4	7	樓、州、流	（平）平仄、平仄平、平仄平、仄平仄

參考

1白日依山盡。	2黃河入海流。	3欲窮千里目，	4更上一層樓。
仄平	平仄	平仄	仄平
獨坐幽篁裡	彈琴復長嘯	深林人不知	明月來相照
仄平	平仄	平仄	仄平
橫看成嶺側成峰	遠近高低各不同	不識廬山真面目	只緣身在此山中
平仄平	仄平仄	仄平仄	平仄平
故人西辭黃鶴樓	煙花三月下揚州	孤帆遠影碧山盡	唯見長江天際流
（平）平仄	平仄平	平仄平	仄平仄
月落烏啼霜滿天	江楓漁火對愁眠	姑蘇城外寒山寺	夜半鐘聲到客船
仄平仄	平仄平	平仄平	仄平仄

討論、歸納出近體詩絕句平仄的規律。

1. 一句之中，第二、四、六字，平仄交錯。
2. 第一句和第二句平仄交錯，第三句和第四句平仄交錯，而二、三句平仄相應。

三、表層理解與深層分析

意義段一（鸛雀樓）

（一）理解詞語

1. 詮釋「白日」的涵義：太陽，不一定強調夕照的絢麗，而是中條山山勢壯偉烘托下的孤日。

（二）理解表層訊息

內容	重點
白日依山盡，黃河入海流。	景：太陽下山，黃河入海

（三）統整文章要點

1. 統整「白日依山盡，黃河入海流」的寫景內容。

要素	動態	過去	現在
山、太陽、黃河、海	河水奔騰，日光閃耀	尋常景色	黃河全貌、陽光造成山勢明暗變化，清晰

（四）推論解釋深層內容

1. 分析作者採用白日、黃河的簡單意象，想表達什麼意涵。

> 白日、黃河都是生活的語彙，沒有任何修飾，用以強調生活中尋常的事物，面對日復一日的尋常事物，人容易在平凡中逐漸變得平庸，所以用後文登高的自覺性積極行為，凸顯在平凡中積極奮發的可貴。

（五）分析寫作技巧

1. 分析「白日依山盡，黃河入海流。」的寫景技巧。

寫景技巧	內容
a.對比	高、壯：白日、山 低、闊：黃河、海
b.動態	依山盡，入海流
c.白描	沒有修飾語（白日、黃河皆實詞，無顏色意涵）
d.象徵	想看壯闊全景就必須登高

意義段二（鸛雀樓）

（一）理解表層訊息

內容	重點
欲窮千里目，更上一層樓。	改變立足點，才能改變視野，改變我們的看法

1. 說明「欲窮千里目，更上一層樓」強調的重點？

欲，強調動機必須是自發的，才會有上樓的行動

（二）推論解釋深層內容

2. 作者認為如何才能改變我們對熟悉事物的感受？原因是什麼？舉例文中證據，支持看法。

方法	原因	證據
登樓，改變觀察的位置	立足點高，可以讓我們看的更遠更寬，讓景物與背景的關係改變，因而呈現與平常不同的觀賞效果與感受	欲窮千里目，更上一層樓

意義段一（黃鶴樓送別）

（一）理解語詞

1. 詮釋「煙花」的涵義：繁花盛開，如煙似霧。

（二）理解表層訊息

內容	重點
故人西辭黃鶴樓，煙花三月下揚州。	事－三月時，兩人在黃鶴樓話別，朋友動身前往揚州

（三）統整文章要點

1. 統整「故人西辭黃鶴樓，煙花三月下揚州」的內容。

離開時間	離開地點	前往地點	地點特色	實景	虛景
三月	黃鶴樓	揚州	三月煙花	故人西辭黃鶴樓	揚州煙花三月的美景

（四）推論解釋深層內容

1. 作者想用煙花形容什麼？舉例文中證據，支持看法。

意見	證據
揚州的風景 對朋友的祝福	

（五）分析寫作技巧

1. 析「故人西辭黃鶴樓，煙花三月下揚州」的寫事技巧。

寫事技巧	內容
a.虛實	虛：揚州煙花三月 實：西辭黃鶴樓
b.象徵	「煙花三月」象徵考試及未來前程光明（但煙也喻託對努力落空的擔心）

意義段二（黃鶴樓送別）

（一）理解語詞

1. 詮釋「碧山」的涵義：青翠山巒

（二）理解表層訊息

內容	重點
孤帆遠影碧山盡， 唯見長江天際流。	遠行的船消失，只留下綿延的江水

（三）統整文章要點

1. 用「大、小、實、虛」的意象，統整詩的內容。

大	小	實景	虛寫
碧山、長江、天際	孤帆	江水、天際 孤帆	揚州煙花 送行者心情 遠行者心情

2. 組織「孤帆」遠去的先後意象。

全船→帆影→消失

（四）分析寫作技巧

1. 分析「孤帆遠影碧山盡，唯見長江天際流」的寫景技巧。

寫景技巧	內容
a.對比	小：孤帆 大：長江
b.象徵	孤帆：面對科舉的渺小、面對新環境的無助 長江：環境對個體壓迫的巨大；對朋友無盡的思念

四、批判評論

（一）表達意見說明理由

1. 立足點不同可以改變我們的視野，除了登高之外，你用什麼方法改變你看待事物的視野，請舉一例說明，並分享改變後的感受。

原視野	方法	改變後視野	感受

（二）比較

1. 從平地觀察校園的景物，再從5層高樓觀察相同的景物，比較視野的異同，並說明比較後的感受。

	同	異	感受
平地			
五樓			

五、應用練習

1. 根據理解將「白日依山盡，黃河入海流」畫出來。
2. 根據理解將「孤帆遠影碧山盡，唯見長江天際流」畫出來。
3. 舉例說明生活中因為改變立足點而改變想法的經驗。

原來看事物的樣貌	改變立足點	結果

六、學習成果評量

（一）登鸛雀樓

1. 以下是電腦模擬的唐朝黃河流域地形圖，鸛雀樓的位置最接近何處？（佳宜）「表層理解」

(A)	(B)	(C)	(D)

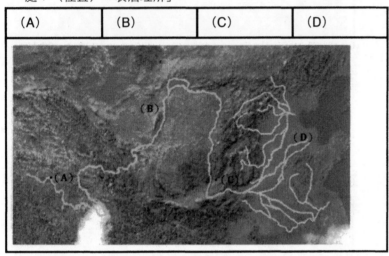

2. 下列何者是作者對真實景象的客觀描述？（佳宜）「深層分析」
   （A）白日依山盡　　　　　（B）黃河入海流
   （C）欲窮千里目　　　　　（D）更上一層樓

3. 作者更上一層樓的原因是什麼？（鍍倫）「表層理解」
   （A）送友人遠行　　　　　（B）看太陽下山
   （C）望黃河東流　　　　　（D）讓視野開闊

4. 這首詩能告訴我們鸛雀樓的……？（鍍倫）「表層理解」
   （A）建物材質　（B）歷史沿革　（C）登覽視野　（D）命名由來

（二）黃鶴樓送孟浩然之廣陵

1. 下列詞語，何者能具體描繪出春天的景象？（佳宜）「表層理解」
   （A）煙花　　　（B）三月　　　（C）孤帆　　　（D）遠影

2. 如果想體驗孟浩然離開黃鶴樓之後的行程，應當購買哪一張船票？（佳宜）「深層分析」

(A)	(B)	(C)	(D)
長江九號 揚州 ↓ 武昌 12月2號	長江九號 武昌 ↓ 揚州 1月2號	長江九號 揚州 ↓ 武昌 2月2號	長江九號 武昌 ↓ 揚州 3月2號

3. 下列「」的語詞，何者著重強調船速的輕快迅速？（佳宜）「深層分析」
   （A）故人西「辭」黃鶴樓　　　（B）煙花三月「下」揚州
   （C）孤帆遠影碧山「盡」　　　（D）唯見長江天際「流」

4. 根據下圖，李白目送孟浩然時眼中所見景致，依序是：（佳宜）「表層理解」

（甲）　　　（乙）　　　（丙）　　　（丁）

（A）甲丁乙丙　（B）乙甲丁丙　（C）丁丙乙甲　（D）丁甲乙丙

5. 「孤帆遠影碧山盡」暗示了怎樣的一種目送？（鍐倫）「表層理解」
（A）仰觀　　（B）俯瞰　　（C）遠眺　　（D）平視

6. 下列何者不是送行者眼前所見之景？（鍐倫）「表層理解」
（A）黃鶴樓　　（B）揚州　　（C）帆影　　（D）長江

7. 這首詩中哪個字的選用，最能看出送行者對遠行者的關懷？（鍐倫）「深層分析」
（A）「故」人（B）「煙」花（C）「碧」山（D）「孤」帆

參考答案
（一）鸛雀樓

1	2	3	4					
(C)	(A)	(D)	(C)					

（二）黃鶴樓送孟浩然之廣陵

1	2	3	4	5	6	7		
(A)	(D)	(B)	(D)	(C)	(B)	(D)		

閱讀教學HOW上手

—課綱閱讀能力轉化與核心教材備課藍圖

作　　者　鄭圓鈴
美術編輯　賀華雰
插畫設計　陳怡君
發 行 人　林慶彰
出 版 者　萬卷樓圖書股份有限公司
編輯部地址　106臺北市大安區羅斯福路二段41號9樓之4
　　　電話　02-23216565
　　　傳真　02-23218698
　　　電郵　editor@wanjuan.com.tw
發行所地址　106臺北市大安區羅斯福路二段41號6樓之3
　　　電話　02-23216565
　　　傳真　02-23944113
網路書店　www.wanjuan.com.tw
劃撥帳號　15624015

2022年8月 初版三刷 平裝
定價　300元

國家圖書館出版品預行編目(CIP)資料

閱讀教學HOW上手：課綱閱讀能力轉化與核心教材備課藍圖 /
鄭圓鈴作. -- 初版. -- 臺北市：萬卷樓, 2012.08
　　面；　公分
ISBN 978-957-739-763-8(平裝)

1.漢語教學 2.閱讀指導 3.中等教育

　　524.31　　101016581

NOTE

NOTE